镭的母亲

居里夫人

刘干才◎编著

辽海出版社

图书在版编目(CIP)数据

镭的母亲居里夫人／刘干才编著．—沈阳：辽海出版社，2017.6
ISBN 978－7－5451－4132－0

Ⅰ．①镭… Ⅱ．①刘… Ⅲ．①居里夫人(Curie，Marie 1867－1934)-传记 Ⅳ．①K835.656.13

中国版本图书馆 CIP 数据核字(2017)第 136824 号

责任编辑：孙德军　丁　雁
封面设计：李　奎

出版者：辽海出版社
　　地　　址：沈阳市和平区十一纬路 25 号
　　邮　　编：110003
　　电　　话：024-23284381
　　E-mail：dszbs@mail.lnpgc.com.cn
　　http://www.lhph.com.cn
印刷者：北京一鑫印务有限责任公司
发行者：辽海出版社

幅面尺寸：155mm×220mm
　印　　张：14
　字　　数：218 千字

出版时间：2017 年 7 月第 1 版
印刷时间：2017 年 8 月第 1 次印刷
定　　价：29.80 元

《世界名人传记文库》编委会

主　编	游　峰	姜忠喆	蔡　励	竭宝峰	陈　宁	崔庆鹤
副主编	闫佰新	季立政	单成繁	焦明宇	李　鸿	杜婧舟
编　委	蒋益华	刘利波	宋庆松	许礼厚	匡章武	高　原
	袁伟东	夏宇波	朱　健	曹小平	黄思尧	李成伟
	魏　杰	冯　林	王胜利	兰　天	王自和	王　珑
	谭　松	马云展	韩天骄	王志强	王子霖	毕建坤
	韩　刚	刘　舫	宫晓东	陈　枫	华玉柱	崔　武
	王世清	赵国彬	陈　浩	芝　羿	姜钰茜	全崇聚
	李　侠	宋长津	汪　裴	张家瑞	李　娟	拉巴平措
	宋连鸿	王国成	刘洪涛	安维军	孙成芳	王　震
	唐　飞	李　雪	周丹蕾	郭　明	王毓刚	卢　瑶
	宋　垣	杨　坤	赖晖林	刘小慈	张家瑞	韩　兆
	陈晓辉	鲍　慧	魏　强	付　丽	尹　丛	徐　聪
	主勇刚	傅思国	韩军征	张　铧	张兴亚	周新全
	吴建荣	张　勇	李沁奇	姜秀云	姜德山	姜云超
	姜　忠	姜商波	姜维才	姜耀东	朱明刚	刘绪利

	冯　鹤	冯致远	胡元斌	王金锋	李丹丹	李姗姗
	李　奎	李　勇	方士华	方士娟	刘干才	魏光朴
	曾　朝	叶浦芳	马　蓓	杨玲玲	吴静娜	边艳艳
	德海燕	高凤东	马　良	文　夫	华　斌	梅昌娅
	朱志钢	刘文英	肖云太	谢登华	文海模	文杰林
	王　龙	王明哲	王海林	台运真	李正平	江　鹏
	郭艳红	高立来	冯化志	冯化太	危金发	仇　双
	周建强	陈丽华	叶乃章	何水明	廖新亮	孙常福
	李丽红	尹丽华	刘　军	熊　伟	张胜利	周宝良
	高延峰	杨新誉	张　林	魏　威	王　嘉	陈　明
总编辑	马康强	张广玲	刘　斌	周兴艳	段欣宇	张兰爽

总　序

　　我们每个人心中都有自己崇拜的名人。这样可以增强我们的自信心和自我认同感，有益于人格的健康发展。名人活在我们的心里，尽管他们生活在不同的时代、不同的国度、说着不同的语言，却伴随着我们的精神世界，遥远而又亲近。

　　名人是充满力量的榜样，特别是当我们平庸或颓废时，他们的言行就像一触即发的火药，每一次炸响都会让我们卑微的灵魂在粉碎中重生。

　　名人带给我们更多的是狂喜。当我们迷惘或无助时，他们的高贵品格就如同飘动在高处的旗帜，每次招展都会令我们幡然醒悟，从而畅快淋漓地感受生命的真谛。只要我们把他们视为精神引领者和行为楷模，就会不由自主地追随他们，并深刻感受到精神的强烈震撼。

　　当我们用最诚挚的心灵和热情追随名人的足迹，就是选择了一个自我提升的最佳途径，并将提升的空间拓展开来。追随意味着发现，发现名人的博大精深，发现时代赋予我们的使命，发现最真实的自我；追随意味着提升，置身于名人精神的荫蔽之下，我们就像藤蔓一般沿着名人硕大粗壮的树干攀援上升，这将极大地缩短我们在黑暗中探索的时间，从而踏上光明的坦途。

不要说这是个崇尚独立思考的年代,如果我们缺乏敬畏精神,那么只能让个性与自由的理念艰难地生长;不要说这是个无法造就伟人的年代,生命价值并不在于平凡或伟大。如果在名人的引领下,读懂平凡世界中属于自己的那本书,就能够成为最好的自己。

名人从芸芸众生中脱颖而出,自有许多特别之处。我们追溯名人成长的历程,虽然每位人物的成长背景都各不相同,但或多或少都具有影响他们人生的重要事件,成为他们人生发展的重要契机,并获得人生的成功。

名人有成功的契机,但他们并非完全靠幸运和机会。机遇只给有准备的人,这是永远的真理。因此,我们不要抱怨没有幸运和机遇,不要怨天尤人,我们要做好思想准备,开始人生的真正行动。这样,才会获得人生的灵感和成功的契机。

我们说的名人当然是指对世界和人类做出突出贡献的伟大人物,他们包括著名的政治家、军事家、发明家、文学家、艺术家、思想家、哲学家、企业家等。滚滚历史长河,阵阵涛声如号,是他们,屹立潮头,掀起时代前进的浪花,浓墨重彩地描绘着人类的文明和无限的未来,不断开创着辉煌的新境界和新梦想,带领我们走向美好的明天。

政治家是指那些在长期政治实践中涌现出来的具有一定政治远见和政治才干、掌握权力,并对社会发展起着重大影响作用的领导人物。军事家是指对军事活动实施正确指引或是擅长具体负责军事行动实施的人,一般包括战略军事家和战术军事家。

政治家、军事家大多充满了文韬武略,能够运筹帷幄,曾经叱咤风云,纵横天地,创造着世界,书写着历史,不断谱写着人类的辉煌篇章,为人们留下了许多宝贵的精神财富和物质财富。

科学发明家是指专门从事科学研究和发明,并做出了杰出贡献的人士。他们从事着探索未知、发现真相、追求真理、改造世界和造福人类的大学问。他们都有献身、求实、严谨和持之以恒的精神，都具有一颗好奇心。从好奇心出发，他们希望探知事物规律，具有希望看到事物本质一面的强烈意识与探索激情。还有就是他们都有恒心，他们在科学研究中不断努力，努力，再努力，锲而不舍，具有永不止步的追求精神。

文学家是指以创作文学作品为自己主要工作的知名人士和学者等。其中，诗人是指诗歌的创作者，小说家指小说创作者，散文家指散文创作者，而文学家则是指在诗歌、小说、散文、戏剧等各种文学体裁领域均取得一定成就的创作者，他们是人类精神财富的创造者。

艺术家是指具有较高审美能力和娴熟创作技巧并从事艺术创作劳动而具有一定成就的艺术工作者。进行艺术作品创作活动的人士，通常指在绘画、表演、雕塑、音乐、书法及舞蹈等艺术领域具有比较高的成就，并具有了一定美学造诣的人。他们是生活中美的发现者和创造者，极大地丰富着我们的生活。

哲学家、思想家是指对客观现实的认识具有独创见解并能自成体系的人士。思想主要是用言语和符号来表达的，而致力于研究思想并且形成思想体系的人就是哲学家、思想家。他们用独到的思想解决生活中遇到的问题，且在此过程中逐渐认识自我与宇宙，以此解决人们思想认识上矛盾迷惑的问题。他们是我们人类灵魂的工程师，塑造着我们的人格，探讨所有人类重要的问题和观念，并创造出一种思考和思想的能力，闪烁着智慧的光芒，照耀着人类前进的步伐，推动着人类思想和精神不断升华，使人类不断摆脱低级状态，不断走向更高境界。人是有思想和精神的高级动物，因此，哲学家和思想家是人类不可或缺的，是我们人类的伟大导师。

企业管理家是最直接创造财富的人。他们创造物质财富,推动社会不断进步,使得人们更加幸福。财富虽然只是一个象征,但它与人们的生活、国家的发展、民族的强盛等息息相关。企业家也创造巨大的精神财富,他们在追求财富过程中所表现出来的创新、冒险、合作、敬业、学习、执著、诚信和服务等精神,是我们每一个人学习的榜样。

我们追踪这些名人成长发展过程中的主要事件,就会发现他们在做好准备进行人生不懈追求的进程中,能够从日常司空见惯的普通小事上,碰撞出思想的火花,化渺小为伟大,化平凡为神奇,从而获得灵感和启发,获得伟大的精神力量,并进行持久的人生追求,去争取获得巨大的成功。

影响名人成长的事件虽然不一样,但他们在一生之中所表现出来的辛勤奋斗和顽强拼搏的精神,则大同小异。正如爱迪生所说:"伟大人物最明显的标志,就是他们拥有坚强的意志,不管环境怎样变化,他们的初衷与希望永远不会有丝毫的改变,他们永远会克服一切障碍,达到他们期望的目的。"

爱默生说:"所有伟大人物都是从艰苦中脱颖而出的。"因此,伟大人物的成长也具有其平凡性。正如日本著名歌人吉田兼好所说:"天下所有伟大人物,起初都是很幼稚且有严重缺点的,但他们遵守规则,重视规律,不自以为是,因此才成为名家并进而获得人们的崇敬。"所以,名人成长也具有其非凡之处,这才是我们应该学习的地方。

英国著名哲学家培根说:"用伟大人物的事迹激励青少年,远胜于一切教育。"为此,本套作品荟萃了古今中外各行各业最具有代表性的名人,阅读这些名人的成长故事,探知他们的人生追求,感悟他们的思想力量,会使我们从中受到启迪和教育,让我们更好地把握人生的关键,让我们的人生更加精彩,生命更有意义。

简　介

玛丽·居里（Marie Curie，1867—1934），原名玛丽·斯克沃多夫斯卡（Marie Sklodowska），波兰人，后转入法国国籍。她是法国的物理学家、化学家，也是世界著名的科学家。

1867年11月7日，玛丽出生于波兰的华沙，高中毕业后，由于是女性，她不能在俄罗斯或波兰的任何大学继续进修，因此她整整做了八年的家庭教师。后来，玛丽在姐姐的经济支持下来到巴黎，在巴黎大学学习数学和物理学，并取得物理及数学两个硕士学位。在那里，她成为该校第一名女性讲师。

玛丽在巴黎大学结识了另一名讲师皮埃尔·居里，就是她后来的丈夫。夫妻两个人经常在一起进行放射性物质的研究。为了制得纯净的镭化合物，居里夫妇从数以吨计的沥青铀矿的矿渣中提炼出100克氯化镭，并测量出镭的相对原子质量是225。这个简单的数字中凝聚着居里夫妇的心血和汗水。

1903年6月，居里夫人以《放射性物质的研究》作为博士答辩论文获得巴黎大学物理学博士学位。同年11月，居里夫妇被英国皇家学会授予戴维金质奖章。12月，他们又与贝可勒尔共获1903年诺贝尔物理学奖。

在第一次世界大战时期,居里夫人倡导用放射学救护伤员,推动了放射学在医学领域里的运用。之后,她曾在1921年赴美国旅游并为放射学的研究筹款。由于过度接触放射性物质,居里于1934年7月4日在法国上萨瓦省逝世。

居里夫妇因为在放射学方面的突出研究和巨大发现,获得了1903年的诺贝尔物理学奖,居里夫人也因此成为历史上第一个获得诺贝尔奖的女性。八年之后的1911年,居里夫人又因为成功分离了镭元素而获得诺贝尔化学奖。居里夫人作为世界著名科学家,研究放射性现象,发现镭和钋两种天然放射性元素,奠定了现代放射化学的基础,为人类做出了伟大贡献,被人称为"镭的母亲"。

1934年7月4日,居里夫人死于恶性贫血症。她一生创造并发展了放射学,长期无畏地研究强放射性物质,直至生命结束。

在世界科学史上,居里夫人是一个永远不朽的名字。作为一位女科学家,在不到10年的时间里,她在两个不同的科学领域里都获得世界科学的最高奖,这在世界科学史上是独一无二的!

居里夫人的一生共得过10次著名奖项,得到国际高级学术机构颁发的奖章16枚。此外,世界各国政府和科研机构授予她的各种头衔达107个。但是,居里夫人仍一如既往地那样谦虚谨慎。伟大的科学家爱因斯坦评价说:"在所有的名人里面,玛丽·居里是唯一没有被盛名宠坏的人!"

作为杰出科学家,居里夫人有一般科学家所没有的社会影响,尤其是成功女性的先驱,她以自己的勤奋和天赋,在物理和化学领域,都做出了杰出的贡献,她的典范激励了几代人。

目 录

降生在被瓜分的国家 …………………… 001
童年时代的乡村印象 …………………… 004
令人惊叹的智力 ………………………… 009
艰难面前不屈服 ………………………… 013
坚定的爱国信念 ………………………… 018
学会在逆境中生存 ……………………… 023
以优异的成绩毕业 ……………………… 029
决定去巴黎深造 ………………………… 033
从事家庭教师职业 ……………………… 037
业余时间勤奋自学 ……………………… 044
首次经受感情挫折 ……………………… 047
奔向心中的殿堂 ………………………… 054
进入索尔本大学求学 …………………… 059
不怕困难积极进取 ……………………… 070
遇到志同道合的伴侣 …………………… 074
共同攻克科研难题 ……………………… 081

艰苦实验发现新元素 …………………… 086
不懈努力求出分子量 …………………… 092
不用科学发现谋私利 …………………… 097
荣获诺贝尔物理学奖 …………………… 101
战胜失去亲人的伤痛 …………………… 109
担负养育子女的重任 …………………… 121
再次攀登科学的高峰 …………………… 128
坚定自己的人生信念 …………………… 137
荣获诺贝尔化学奖 ……………………… 143
与爱因斯坦的友谊 ……………………… 151
组织医疗队上前线 ……………………… 154
战后难得的休闲度假 …………………… 163
以羸弱之躯去美国 ……………………… 169
风雨中孤独的成功者 …………………… 187
圣路易岛的美丽记忆 …………………… 194
病痛中研究前沿课题 …………………… 200
走完生命的最后历程 …………………… 204
附：年　谱 ……………………………… 210

降生在被瓜分的国家

在波兰的首都华沙，那漫长而宽阔的道路两旁，是高大而挺拔的白桦树，有一所女子寄宿学校就矗立在道路一旁。在这所学校的宿舍区有一栋三层尖顶的小楼，小楼的周围长满了惹人喜欢的花花草草。

1867年11月7日，居住在这幢小楼的物理教师乌拉狄斯拉夫·斯克沃多夫斯基先生家里又添了第四个女儿，她的名字叫玛丽。

对于斯克沃多夫斯基这样一个老师家庭来说，仅靠夫妇两人当教师的薪金要养活全家7口人，这可是不轻的负担呀！因此，多添一个人吃饭穿衣，并不是一件很让人高兴的事情。

玛丽的父亲斯克沃多夫斯基先生出身于波兰一个小有名气的家庭，在玛丽出生前几个月，他被任命为一所中学的物理教师兼副督学。

玛丽的母亲是一个地主家的大家闺秀，她是长女。聪明、端庄、温柔的她在华沙一所住宿女子中学毕业后，就留在母校任教。由于执教有方,她很快当上了这所女子中学的校长。不幸的是,她身体一直不好,而且患有肺结核。

为了避免让几个孩子染上这种可怕的病,玛丽的母亲对自己作了严格规定:不用嘴去亲孩子,哪怕是最可爱的玛丽,也绝不例外!另外就是尽量让小孩子们到户外活动,少在室内待着。每到暑假,她就让孩子们到乡下亲戚家去。

在农村,玛丽可以大胆地用波兰话讲故事,可以尽情地唱波兰歌曲,而且用不着总是提防爸爸那所学校的校长伊万诺夫。

伊万诺夫不学无术,但就因为他是一个俄国人,就有资格当校长。他鬼鬼祟祟,常常像鬼魂一样在学校里到处游荡,搞突然袭击,看到有哪些学生因疏忽而写了波兰词语,或暗地讲波兰话,他就会进行严厉的处罚。那是一种多么屈辱而又难以忍受的生活!

在家里,小玛丽感到最不愉快甚至有些恐惧的事情,就是爸爸常和一些到家造访的叔叔伯伯们低声而愤慨地谈论校长伊万诺夫的种种劣迹。

有一天,玛丽和大姐散步回来,听见爸爸和一位同事正在气愤地谈论着什么。

"斯克沃多夫斯基先生!"爸爸的那位同事说,"你用不着和伊万诺夫校长去争长论短,不值得与这种人生气!"

"话虽是这么说。"爸爸怒气未消地说,"但他也太过分啦!一个小孩子在作业里由于疏忽写了几个波兰的词语,这对于一个生长和生活在波兰的小孩来说,是完全可以理解的嘛。他居然发那么大的火,还恶魔般地训斥那个可怜的学生,我能忍受吗?"

"是啊,可是……"

玛丽相信,爸爸是世界上最好的人,他从来都不发火,现在却满脸怒气，一定是那个住在大楼右边的校长伊万诺夫太可恶了。否则，爸爸是不会生气的。

1772年至1795年，波兰先后三次被普鲁士、奥地利和沙俄瓜分，其中俄国是瓜分和灭亡波兰的罪魁祸首。在这三次瓜分中，这些列强将波兰的领土全部占领了。

童年时代的乡村印象

玛丽长大了,长到了会满地跑着,追着哥哥姐姐们去玩游戏的年龄了,约瑟夫是家里面唯一的男孩子,因为出生在一个女子寄宿学校里,从小到大接触的也全部都是女孩子,时间长了,约瑟夫觉得自己也成了她们中的一员,性格也和女孩子一样文静。

在华沙女子学校的校园内,4棵紫色的丁香花竞相开放着,在星期日的时候,从学校周围路过的行人都可以闻到一股香甜而又清香的味道。时而传来了一片声响,先是锤子敲敲打打的声音,没有任何的规律也没有节奏,接着就是建筑物坍塌的轰隆声、喊叫声交杂在一起,循着声音一直找过去,你就能看到玛丽和他的兄弟姐妹们正在高兴地玩着"打仗"。

父亲经常提醒约瑟夫要像男子汉一样,使得约瑟夫清楚地意识到了自己的行为,约瑟夫在心里把父亲当作他崇拜的对象。每个周末都是五个孩子最开心的日子,因为女子学校的学生都被家长们接回家去度周末了。

如此一来,整个学校就好像完全成为5个孩子的天堂一般,在平时，父母亲总是提醒他们不要影响学生们的学习，所以他们每天都很安静，现在整个校园里都没有学生，完完全全地成了他们的天下。

玛丽的哥哥约瑟夫充当着指挥官的角色，发挥了他男孩子的优势。他向四个姐妹发出命令："我们一起来玩打仗吧！"紧接着约瑟夫就听见四个姐妹一阵阵的欢呼声，她们真的就把她们的哥哥当成了伟大的指挥官。

圣诞节的时候父母曾经送给他们一件特别大的积木，孩子们把积木吃力地搬了出来，当作打仗用的道具。

他们几个人要在草坪上用大积木布置一个"战场"，用长短不齐的木条，垒成了一座碉堡，又在曲曲折折的小路上架起了一座桥梁，在靠近碉堡的地方还有炮楼、兵营和弹药库等相关的设施。这个战场在一间很宽敞的正方形的屋子里面，窗户朝着学校的院子。

战场布置妥当之后，他们还把剩下的小木块聚集到一起，用来当作子弹和装满子弹的炮筒。约瑟夫把皮带紧紧地系在外衣上，把帽檐朝向后脑勺儿，一只手叉着腰；另一只手向他的妹妹们挥动着喊道：海拉，你是我的部下，要服从我的领导，我们现在要去攻打"敌人"布罗妮娅、素希雅和玛丽的军事要地。

海拉是约瑟夫的同盟，她的眼睛炯炯有神，闪现出一种非常有力量的光芒，她有的时候因为自己仅仅只有6岁半而生气，并且非常羡慕姐姐们，布罗妮娅非常活泼，她甩动着小辫子挥着手保护着她自己的作战队伍。

一场精心策划的紧张而激烈的战斗马上就要开始了，小玛丽头上戴着用树枝做成的帽子，身上还插了一些较大的绿叶和青草作为掩护。

玛丽匍匐在地上，瞪着她那双美丽的大眼睛紧紧地盯着哥哥那边的动静。

约瑟夫悄悄地向前爬，他想趁对方不注意的时候，冲到她们的阵地去。聪明的玛丽马上就发现了约瑟夫的企图，还没有等到布罗妮娅发布命令，就跑上前去，向约瑟夫扔出了一颗"手雷"。

当玛丽看到自己方面的"炮弹"所剩无几时，便立刻飞快地跑到敌人那边，非常快速地捡起"子弹"和"炮弹"，然后，用自己的花裙子兜着跑回来。在整个过程中，玛丽身中"数弹"，身上用来遮掩的绿叶也被打掉了，帽子也飞落了下来，但是，这些丝毫不会影响玛丽的心情，她还是不停地来回穿梭于两个阵地之间。这样，玛丽那边阵地上的"炮弹"便得到了充足的供应，这都是玛丽的功劳。

在敌我双方激战的过程中，玛丽显得非常勇敢，她一边战斗一边高声喊着："打啊，全速前进。"

玛丽的军队对约瑟夫和海拉发动了猛烈的攻击，造成约瑟夫和海拉频频中弹，玛丽高兴得尖叫起来。战斗很快结束了。这个时候的玛丽满脸是汗水，头发上也沾满了青草，显得更加凌乱不堪，手背上划出了细微的血印，嗓子也在交战中喊得有些沙哑了。

流着汗的玛丽认真地看着哥哥约瑟夫，等待着哥哥能够夸奖自己。约瑟夫站到一处高高的地方，舞动着手中的小旗，表情严肃，好像将军般地大声宣布："今天这场战斗，玛丽表现得非常勇敢，交战的双方一致评定她为'战斗小英雄'。"

约瑟夫的话音刚落，几个姐姐立刻敲响早就已经准备好的瓶瓶罐罐，如同奏乐一般。

玛丽昂首挺胸地走到约瑟夫的跟前，接受"指挥官"约瑟夫授予她的奖赏，并且得意地用花裙子擦了擦脸上的汗水。玛丽得到的奖赏是姐姐们用野花和绿草编的一个小小的花环和哥哥亲手做的小水枪。

玛丽高兴地戴上花环，拿着可爱的小水枪，飞速地跑到家里，跟爸爸和妈妈敬了个军礼。那个可爱的样子非常严肃而且认真。

斯克沃多夫斯基家是一个很大的家族，他们大都住在乡村。

在乡村里他们有自己的农场、牧场和宽敞而古典的房子。在放暑假的时候，斯克沃多夫斯基一家就可以离开喧嚣的华沙市，到乡村去度假。

村子里的人们都用喜悦的眼光来欢迎他们这些由都市来的孩子们。到了乡下，母亲可以把一学期的紧张任务完全放下，父亲也不再做那一项项复杂的物理实验和撰写论文。

到了乡下以后，对于一向住在繁杂城市中的孩子们来说，能够领略乡间自然如画的田园风光，呼吸新鲜的空气，流连在大自然的山水之间，确实是一件非常有趣的事情，在他们的一生中，这段时光是永远也无法忘怀的。

约瑟夫教玛丽游泳，玛丽很快就学会了。他们在河水中打水、捉鱼、摸虾。然后，又湿淋淋地爬到岸上来，把泥土拍成泥饼后晒干用来打水漂。在水边玩了一段时间之后，他们又跑到草地上打滚儿，互相比赛看谁的跟头翻得多。

玛丽有的时候还从软软的草垛上往下跳，如果他们遇到老爷爷们赶的马车，他们就一窝蜂似的拥上车，坐在车上边兜风边听着马鞭和马蹄的响声。

在乡下，他们有时和路边的老牛说话，有时冲着蓝天唱歌。在距离乡村不远处的高塔上，还有一辆转动的风车，约瑟夫兄妹们便学着风车手拉手不停地转圈,一直到每个人都转晕了,他们就抱在一起倒在地上哈哈大笑起来。

在乡下的那段时光是斯克沃多夫斯基一家最幸福的日子,以至于玛丽结了婚以后,到了休假,总是要把辛苦的研究和工作暂时放下,和全家人到山中或海边悠闲地休息一段时间,这就是童年的记忆带给玛丽的影响。

令人惊叹的智力

玛丽天生就非常漂亮,她一落地就对这个陌生的世界充满了无比的好奇。

每当年轻的父母看到她那一双可爱的、水灵灵的大眼睛时,总会从心中欣慰地笑出声来。

玛丽共有3个姐姐:大姐素希雅,二姐布罗妮娅,三姐海拉,还有一个哥哥约瑟夫。约瑟夫比二姐大,排行第二。大姐虽然只比玛丽大五岁,但却在妹妹面前担当老大姐的职务,言行举止颇像一个小大人。

妈妈是玛丽心目中无可替代的圣母,在妈妈那秀丽而疲惫的脸庞上,永远罩着一层慈爱的光辉,让玛丽一见到心里就感到甜蜜、温暖,她真想扑到妈妈的怀里,在妈妈脸上亲个够。

但是,妈妈给予小女儿最亲密的动作也只是轻轻地抚摸一下她的小脸。玛丽有时会很不满意地想:别人的妈妈为什么总是用嘴亲小孩的脸,而我的妈妈为什么从不亲亲我呢?妈妈那慈祥的眼神,分明透露出无限的爱意呀?可是妈妈就是不亲亲我,好奇怪呀!

"玛丽,我还有事要做。"

妈妈又要赶玛丽走了。玛丽不愿意走,她想在妈妈身边多待一会儿。但妈妈坚决地说:

"你最好到花园去玩耍,你看今天的天气多美好呀,空气多清新呀。"

玛丽的爸爸妈妈都是出色的教育家,他们当然知道大自然对于孩子的重要性。

他们放心大胆地让孩子们到田野里、树林里、小溪中,去奔跑、去嬉戏、去欢叫。他们深知,不热爱大自然的人再怎么发展也是不完善的,不能陶醉在大自然中的人,是注定不会成为伟大的学者的。

因此,每到假期来临,玛丽和哥哥、姐姐们都充分地享受着大自然赋予他们的美丽。他们简直就成了野孩子,所以父母给他们立了一条规定,即在每次玩累之后,他们都要到树下去安静地读书。

孩子们总是在一棵老菩提树下读书。那棵树的树干非常光滑,上面却有许多条纹。粗壮的树干,5个孩子手拉手围一圈还围不过来。

老菩提树上椭圆形的绿叶一层层地伸展开来,形成一个天然的巨大的"绿伞",并且在较低的树枝上晾晒着红的、紫的葡萄。

哥哥约瑟夫经常把小玛丽举过头顶,让她能够摘几串葡萄下来给大家吃。当诱人的葡萄摘下来,大家就边吃着酸甜的葡萄边读着书,简直是开心极了。

有时候,读书读累了的时候,大姐就给大家讲一些有趣的童话故事。约瑟夫则即兴表演搞笑剧,他的表演精彩滑稽,经常逗得大家在树下笑得直打滚儿。

二姐布罗妮娅有时候对学习字母感到厌烦了,就会以"老师"的身份命令小妹妹把纸板上的字母按照不同的次序排列。当小妹妹排错了的时候，布罗妮娅就会傲气十足地教训玛丽：

"哎呀，你怎么这么可笑呀！这个字母应该放在这儿……啊，这样就对了。"

但布罗妮娅当"老师"没过多久，玛丽就让布罗妮娅和父母们大吃了一惊。

那是一天早晨，布罗妮娅正在父母面前结结巴巴地朗读一段短小的课文。玛丽看见二姐那么艰难地朗读，觉得很不可理解。于是，她下意识地把姐姐的课本拿过来，非常流利地念起课文来。

正当她正念得十分得意时，忽然发觉室内一片寂静，父母和布罗妮娅都惊讶地望着玛丽。

玛丽立刻被这种寂静吓蒙了。她以为自己做出了极不得体的事情，就压低声音，嗫嚅地说：

"我不是故意的，我请你们原谅我，我真不是故意的。"

其实，是她理解错了，父母和二姐的突然默不作声，并不是觉得她做了什么不得体的事，而是这一切令他们感到非常惊讶。他们发出疑问：她怎么念得这么好？并没有人特意教过玛丽读书啊！

父母从这件事情才发现，玛丽是一个非常聪明，且记忆力特别强的女孩子，这使他们格外高兴。也许他们的玛丽今后可能成为一位杰出的科学家吧！父母曾经这样憧憬着孩子的未来。

但是，玛丽的父母并没有因为发现女儿有天分，就让玛丽去看更多的书，提早背诵名人的诗歌，提前学习一些课程。作为教育工作者，他们知道这种拔苗助长的方法会损害儿童的好奇心和幼小而脆弱的心灵。

玛丽的父母尽量让玛丽到户外那美丽、变幻的大自然中去领略大自然的神韵，倾听大自然的天籁。

书本上抽象的内容，开始也许会让孩子感到好奇，但用不了多久，他们就会感到单调、乏味，多半会从此厌恶书籍。他们认为，过早地成熟而不愿意接近大自然，那才是教育的真正失败啊！

基于这样的认识，即便当小玛丽想找书看时，妈妈也总是打开窗户，指着窗外那湛蓝的天空，深情地说：

"小玛丽，瞧，那朵白云多么像一座城堡呀，我们出去仔细瞧一瞧，好吗？"

1873年的秋季，6岁的小玛丽就要上学了，这使玛丽感到高兴极了。她在心里美滋滋地想：现在我是学生了，妈妈和爸爸总不会再有什么理由反对我多看书吧？

于是，小玛丽穿着干净的"水手装"制服，手里提着一个书包，高高兴兴地来到了梦想已久的教室。

小玛丽在上课的时候总是睁着大大的眼睛，聚精会神地听着老师们讲课。她从来不会像有些同学那样，在课堂上搞小动作，注意力不集中。

玛丽的学习成绩非常优秀，她在班级经常得第一，无论是任何科目，她都能比同龄的同学学得更好。

玛丽取得了这些成绩和进步，回到家里，总是能得到妈妈的褒奖和鼓励。

妈妈经常在空闲时间，给他们讲许多好听的波兰民间故事和童话故事。有时，妈妈还会边给他们弹着钢琴，边唱着动听的波兰民间歌谣。

当玛丽依偎在妈妈身边，听妈妈摇晃着身体唱着动听的歌曲时，她感到这是生活中最幸福的时刻，这美好的时刻如果能永远延续下去该有多好啊！

正当玛丽沉浸在母爱的爱抚之中时，接连不断的灾祸却突然降临到他们家中。

艰难面前不屈服

妈妈的肺结核病已经越来越严重了,她不断地从口中吐出血来,以往美丽、温柔的妈妈,现在完全变成了另一副模样,人们再也无法从这位病妇的身上想象出她以前的迷人风韵。

然而,祸不单行,正在这时,伊万诺夫校长罢免了任职六年之久的副督学斯克沃多夫斯基先生。这样一来,爸爸虽然还可以继续教书,但是,一是工资减少,二是要搬出学校免费提供的宽敞住宅,这可真是屋漏偏逢连阴雨!斯克沃多夫斯基先生只好到校外寻找住处。

家境的困难该怎么想办法克服呢?久病的妻子需要继续住疗养院,五个儿女也都要上学。刚直不阿、绝不肯奴颜婢膝的斯克沃多夫斯基先生勇敢地挑起了这副重担。

他决定将租来的房子收几个住宿的学生,以补贴家用。当然,这事得先和孩子们商量一下。

他把五个孩子招到身边,婉转地说:

"有几个外地学生想找住宿的地方,我想,你们的妈妈去疗养了，我们就可以腾出一间房子让几个学生来住。当然，他们要交饭钱和房租的。我想，住进来两3个人还是可以的吧？"他带着征求意见的口吻说。

海拉在什么时候都能使自己快乐起来，听了爸爸的话，她高兴地大声说："爸爸还可以辅导这些学生！我看呀，爸爸只要把这消息透露出去，保准报名的人多得很，我们可得挑选那些最好的学生啊！"

爸爸凄然而充满爱意地对海拉说：

"你总是会夸大事情。"

为了妈妈的健康，为了克服穷困带来的许多问题，五个孩子非常明白应该作出何种选择。开始，家里只收了3个寄宿生，后来逐渐增加到了10个。

好景不长，不幸的事情又一次降临到这个家庭。

1876年，斑疹伤寒开始在华沙流行，寄宿在玛丽家中的一名学生也不幸被感染。

虽然这是一种很可怕的流行性传染病，但对于斯克沃多夫斯基家庭的每一个成员来说，尽心照料得病的学生，是天经地义的事情。

那位寄宿生在玛丽大姐和二姐的精心照料下，病情很快就得到了控制，最后居然痊愈了，但大姐和二姐却因此而染上了斑疹伤寒。

布罗妮娅只是轻微地发作了一下就没事了，可14岁的大姐素希雅却因为接替妈妈的家务工作后，一向比较劳累，本来就不算强壮的身体，在病菌的肆虐下，竟然一病不起。

玛丽一家虽然过着动荡不安的生活，但是，无论怎样劳累和苦痛，全家人觉得能够生活在一起就是最快乐的日子。

玛丽从小就喜欢大姐，因为大姐总是给她讲很多好听的故事。

她会带着玛丽到花园里去玩耍,在玛丽难过的时候第一时间出来抱起她的人也是大姐。

看见虚弱的姐姐躺在病床上,玛丽急得只好每日虔诚地祈求上帝。然而,上帝仍然没有施展他的奇迹。

在一个大雪纷飞的早晨,爸爸来到玛丽的房间,玛丽看见爸爸的眼圈红了,并把头转向了窗外。玛丽预感到,一定有什么不幸要发生了,她战战兢兢地跟在父亲的背后走进了大姐的房间。

只见大姐穿着一身洁白的连衣裙,淡黄色的头发梳理得整整齐齐,那张很像妈妈的脸瘦得十分吓人,惨白得没有一丝血色,但那张会讲故事的嘴角却微微地上扬,好像在对大家微笑。她安详地合着双眼,静静地躺在灵柩里,双手合抱在胸前,显得更加楚楚动人。哥哥、姐姐都在低声地哭泣着,母亲已经虚弱得站不起来了。玛丽不敢相信这个事实,那个像慈母一般爱护她的大姐竟然会死。

大姐的去世,对9岁的玛丽来说是一次残酷的打击。她不明白,上帝何以对她的家庭如此残酷,接连不断的打击落到这个处于风雨飘摇中的家庭?爸爸是尽职尽责的教师,而且疾恶如仇;妈妈有天使般的心肠,对一切都愿以爱来化解;素希雅像妈妈一样,宽容大度,热心帮助别人。但是,为什么不幸却偏偏落到了他们的头上呢?

玛丽还太小,对于纷繁的大千世界,还不可能有什么深刻的认识,她只知道这世道太不公平,万能的上帝太缺乏慈悲之心了。

经过一连串的打击之后,妈妈的身体状况变得更差了。虽然玛丽对上帝已经丧失了信心,但她仍然每天虔诚地向上苍祈祷。

她闭着眼睛,对着冥冥之中的万能之主表达自己的心愿:

圣母玛利亚,圣子圣灵啊,请不要从我身边夺去亲爱妈妈的生命，如果实在不行的话，那就让我的生命代替妈妈的生命吧！

然而，和以前的祈祷一样，这次的祈祷也是一点效果都没有。当时，刚刚11岁的玛丽正在西科尔斯卡女士主办的私立女子寄宿学校读五年级。

母亲虽然感觉自身的病情在日渐加重，但让她感到欣慰的是，几个孩子都是非常优秀的学生，而且个个品行端正，对生活充满热爱。

孩子们总能无私地帮助那些需要帮助的人。尤其是小女儿，她天生就很懂事，知道为爸爸分忧，从来不会无理取闹。有这样的儿女，对一位母亲来说，就是上帝对她最高的奖赏了。

病情的加重让一桩拂不去的可怕想法在她心中弥漫开来：我恐怕就要离开这个充满苦难而又温馨、可爱的家庭了。

母亲是一位非常善于控制自己感情的人，她知道当她离开人世后会给这个家庭带来多大的不幸，她的丈夫将会陷入多么困顿的局面！她决心在生前为自己的离去做好准备，不再为这个悲惨的家庭增加更多的麻烦。

1878年5月9日，星期天，玛丽永远也忘不了这一天，早晨的时候玛丽就听见外面传来一阵阵急促的脚步声，她的心也跟着怦怦地跳得急了起来。

医生们在母亲的房间里忙着抢救，亲人们也都聚在周围，玛丽的心抽搐了起来，她害怕妈妈也像大姐一样躺在灵柩中永远也不再醒来。

妈妈示意医生们离开，她想把最后的时光留给自己的亲人们，哪怕能和他们多待几分几秒也是好的。

家人们都围在妈妈的周围。在临终的这一刻，她显得格外的美丽。

妈妈伸出无力的双手和家人一一握手告别，当她拉着玛丽那冰冷的小手时，她的手颤抖着，她那毫无血色的嘴唇微微动了几下，仿佛说出了心中所有要说的话。玛丽已经控制不住自己的感情，她的泪水像泉涌一样滚落下来。

直至停止了呼吸，妈妈的眼睛也没有闭上。她实在不放心这些可爱的孩子，不忍心离开亲爱的丈夫。

教堂里面又响起了那令人心寒的丧钟，玛丽真是害怕极了这种声音，大姐和妈妈都是这样离去了。

11岁的玛丽，现在既没有了妈妈的呵护，又没有了大姐的照料。爸爸虽然也非常疼爱她，但他太忙，要上课，要辅导寄宿生，还要关心他们的食宿。玛丽几乎是在没有人照料的环境中学习、成长的。

在学校里虽然也有许多愉快的事情，但是却有俄国人的压制。他们不准孩子们用波兰文说话、写字、看书。

为了学点波兰话、懂一点波兰的历史，老师和学生整天过着心惊胆战的日子。

这么幼小的心灵，竟然承受着这么多沉重的磨难和严酷的打击！但玛丽不仅没有被残酷、苦闷的生活压垮，她反而更加清醒、更加沉着、更加冷静地面对艰难的生活。

坚定的爱国信念

玛丽是1873年6岁那年入学的。开始，玛丽像几个姐姐一样，进了西科尔斯卡夫人主办的私立女子寄宿学校。她是班上最小的女孩子，比起同学的年龄，她要小两岁，但她那惊人的记忆力和智力，使她的任何学科成绩都永远是班上的第一名。

教她数学和历史的老师名叫杜芭丝卡小姐，她是一位多少有些古怪的人，她对玛丽的那种固执和不肯随意屈服的性格一开始感到恼火，但后来让她赞叹。

杜芭丝卡小姐总是穿一身黑色衣服，还常常板着脸，似乎这世界没有什么东西值得她欣慰，也似乎她与欢乐从来就没有缘分。但如果你因此而以为她是一个没有情感的人，那就大错特错了。

其实她有着火一般的热情，只不过被一层冰冷的铁甲紧紧地包围着。一个生活在亡国奴地位而又充满爱国激情的知识女性，有这样矛盾的表现恐怕并不令人吃惊。

每当上历史课时，玛丽就会觉得杜芭丝卡小姐可爱极了，那并不美丽的脸也突然变得神采奕奕、柔美可爱。

"同学们"，杜芭丝卡小姐脸庞上透出一股凛然不可侵犯的神情，低声而颇有力度地说，"在14世纪中叶，波兰国王斯坦斯拉夫一世重新统一波兰时……"

有一次，老师让玛丽复述上次历史课讲述的要点。玛丽非常激动地站起来回答："波兰历史是从波来斯拉夫建立皮阿斯特王朝开始的，1385年以后，波兰和立陶宛在抵抗共同的敌人德意志条顿骑士团的侵犯时，两个大公国合并，建立了波兰共和国；1596年，华沙成为波兰共和国首都，那时，我们的波兰成为欧洲的泱泱大国，不幸的是，至1654年，沙皇俄国发动了对我国的侵略战争，波兰被肢解、分割了。"

讲到这儿，她喘了一口气，然后又愤怒地指责说："国王斯坦斯拉夫缺乏勇气，这是波兰的不幸。"

杜芭丝卡小姐向玛丽赞许地点了一下头，让她坐下。

玛丽喜欢杜芭丝卡小姐的历史课，因为她告诉了学生们历史的真相。而历史的真实，对玛丽来说像空气和水一样重要。但不幸的是，她和大家有时都得被迫说谎，讲假话。

有一次，杜芭丝卡小姐正讲得入神时，忽然走廊深处传来了铃声，两长两短，这是信号！很可能是督学霍恩堡先生来检查课堂教学了。

全班学生像训练有素一样，立即把课桌上的波兰文笔记和课本收进抽屉里，接着又迅速把针线、剪刀、小块布料拿到桌面上，一个个低着头认真地做起针线活来。

教室门在一片静寂得令人恐惧的气氛中慢慢地打开了，肥胖而穿着讲究的督学霍恩堡先生神气地走进教室。

他警惕而又明显不信任地扫视着教室里的每一个人，最后他把鹰隼一样的目光停留在杜芭丝卡小姐身上,那是十分明显的无声质问:你又在搞什么鬼名堂?想瞒过我,恐怕没那么容易,我要当着校长西科尔斯卡女士的面,揭穿你们的鬼把戏!哼哼。

陪着督学先生一起走进教室的西科尔斯卡校长客气地说:"督学先生,学生们正在上缝纫课。"

督学先生不置可否地哼了两声,没有走向讲台,却似乎是漫不经心地将他身边一个女孩的课桌打开,希望能发现违禁的课本、笔记本之类的猎物。可惜他没有发现什么让他狂喜的东西,只好不动声色地点了一下头,然后走向杜芭丝卡。

他边走边阴险地说:"杜芭丝卡小姐,我刚才在走廊里听见你很激动地讲着什么,怎么我一进来就不讲了呢?"

"啊,督学先生,我刚才正给他们讲克雷洛夫的寓言故事《乌鸦和狐狸》。"

"是吗?俄罗斯的寓言家,虽然我们政府并不喜欢这个刻薄的作家,但毕竟是俄罗斯的。"

督学先生十分傲气地坐到杜芭丝卡小姐的椅子上,对她说:"请您点一名学生站起来,我要问几个问题。"

杜芭丝卡小姐向西科尔斯卡校长瞟了一眼,见校长不动声色地点了一下头,就把眼光盯向玛丽。

玛丽不知道老师正盯着她,只是低着头暗暗祈祷:千万不要点上我呀,上帝!她倒不是怕回答不了督学先生的问题,这方面她有足够的信心,但最让人受不了和感到屈辱的是当着大家的面儿讲假话。

不幸的是,老师正好点了她的名:"玛丽,请你回答霍恩堡先生的问题,好吗?"

玛丽放下针线，心情复杂地站了起来。杜芭丝卡老师用力抿了一下嘴唇，示意玛丽：勇敢一些，不要担心！玛丽会意，于是她抬起头看着督学先生。

霍恩堡说："请问从叶卡捷琳娜二世起统治我们神圣俄国的皇帝是哪几位？"

霍恩堡的提问总是带有挑衅意味的，让稍有见识的波兰学生都感到屈辱。他在向玛丽提问时特别把"我们"两个字加重了语气。

玛丽咬了一下嘴唇，尽量平静地回答说："从叶卡捷琳娜二世以后，接下来的是保罗一世、亚历山大一世、尼古拉一世和亚历山大二世。"

霍恩堡先生笑了，这么熟练的回答，还有那纯正的俄语语调，使督学先生感到由衷的满意，俄国化的教育政策很有成效嘛！

这位督学认为，这种奴化教育比什么数学、文学都更重要。他非常欣赏自己善于提问的能力，并能从这种一问一答中得到一种隐秘的愉悦。

霍恩堡又接着说："沙皇的尊号是什么？"

"是陛下。"

"现在统治我们的是哪位皇帝？"

玛丽看见霍恩堡先生那得意的样子，真恨不得啐他一口唾沫。杜芭丝卡小姐唯恐玛丽又犯倔，急忙委婉地说："玛丽，你肯定知道的，不是吗？"

"是全俄罗斯的皇帝，亚历山大二世陛下。"

"最后一个问题：我的尊号是什么？"

"督学大人阁下。"

与玛丽同在一个班上的海拉看见妹妹摇摇晃晃、脸色白中透青，很不对劲儿,真想走过去扶住她,但是她又不能,急得直冒冷汗。

幸好这时霍恩堡先生满意地摇晃了一下他那肥胖的身子,站起来宣布:"今天的检查到此结束!我十分满意。"

督学先生离开了教室,西科尔斯卡校长随他走出教室,临关门时,她回身又慈祥地看了一眼玛丽。当教室门关上以后,杜芭丝卡小姐含泪向玛丽招手:"到我这儿来,孩子。"

玛丽一头栽进老师的怀里,像一个受了极大委屈的孩子,痛哭失声。海拉和其他同学也都难过地伏在桌上抽泣。

"玛丽真是了不起,连堂堂的督学大人也不由得不赞扬她,真了不起!"

海拉回家后,急忙把这件事告诉姑妈卢希雅。妈妈生病期间,姑妈一直在玛丽家照料病人和孩子。姑妈听了海拉的介绍后,自然十分高兴,但她却发现玛丽心情似乎很沉重,一点儿高兴的样子都没有。

爸爸非常理解小女儿的心情。督学先生的问题不能不回答,但回答时又必须是谎言。

学会在逆境中生存

1881年,玛丽并不甘心只受一点中等教育,这就必须要有一张文凭,而私立学校是没有资格颁发有效文凭的。

玛丽不得不离开读了8年的寄宿学校,那份离别之情让她十分难过。一想起公立中学的种种可恶之处,她更是依依不舍。

离开学校那天,西科尔斯卡校长特地把玛丽叫到校长办公室,对她叮咛道:"玛丽,千万不要忘记我说过的话:要忍耐,要老老实实地忍耐,能忍耐才会有最后的成功。千万不要忘记,听见了吗?"

西科尔斯卡校长深知,玛丽是一个难得的天才学生,她也深知天才往往唯有在自由的环境里才能自在地呼吸,一般人能忍受的屈辱常常不能为天才所忍受。

玛丽在她眼皮下读了8年书,她相信这是一个前程无量的孩子,但在黑暗的波兰,这个天才会夭折吗?有过哥白尼和肖邦的波兰,你何时才能让全世界的人再为你骄傲的儿女而震惊呢?

玛丽已经14岁了,懂得启蒙恩师凝重而苦涩的期盼。她郑重地对校长说:"西科尔斯卡老师,您放心,我会永远记住您的话的!"

1882年春天的一个阳光灿烂的早晨，斯克沃多夫斯基一家相聚在桌子周围吃早餐；几个孩子的相貌，都是那么的出类拔萃。16岁的海拉，温柔典雅，毫无疑问地说她是这一家的"美女"；布罗妮娅的笑脸就好像田野里正在开放的一朵鲜艳的鲜花，头发是金灿灿的；约瑟夫身上穿着学校制服，身材看起来像是运动员。

　　在斯克沃多夫斯基家现在只有两个孩子穿制服：海拉仍然穿着她那蓝制服，是西科尔斯卡寄宿学校的忠实学生；玛丽穿着栗色制服，她在14岁的时候就已经是一所公立中学里出色的学生。布罗妮娅一年前在这所学校毕业，得到真正的荣誉，拿回一个金奖章来。

　　玛丽的脸色很好，坐在餐桌的一端吃着东西。因为玛丽的年纪最小，当时的她并不如她的两个姐姐好看，但是她的脸也和她们一样显得愉快和兴奋。玛丽眼睛很明亮，头发光润，皮肤白嫩，和一般的波兰女子基本相同。

　　布罗妮娅已经不是女学生，而是"女士"了。她现在操持着整个家的家务，代替管家。布罗妮娅管理账目，照料寄宿生，这些人的姓名面貌虽然都有改变，但是一样是寄宿生。

　　约瑟夫也得到一个和布罗妮娅一样的金奖章，在他离开男子中学的时候，他到大学的医学院继续求学。约瑟夫的妹妹们都羡慕而且嫉妒他，约瑟夫的妹妹们诅咒华沙大学不收女生的校规。她们贪婪地听哥哥叙述着大学里的事情，虽说这个学校看上去很平庸，但是，里面的教授却是一些有野心的俄国人和奴隶一样的波兰人。

　　在玛丽的想象里，整个宇宙也像一个大学校，里面有中学、大学、寄宿学校，在宇宙的里面有一些老师和学生，并且有一种理想在整个宇宙里面统治一切，那就是"学习"。

　　斯克沃多夫斯基家现在的住所非常恬静：房子很有特色，院子里面很安静，有许多灰色的鸽子在房子的周围"咕咕"地叫着，阳台上面爬满了野葡萄藤；二楼很宽敞，斯克沃多夫斯基一家可以占用四间屋子，和那些寄宿的男孩分开。

玛丽和普希波罗夫斯卡夫人家的女儿卡齐娅是好朋友，也是同学。玛丽每天去找卡齐娅，卡齐娅在门口等她；若是在约会的地方没有看见人，玛丽就把铜狮口里衔着的重环翻起来，放在狮子的鼻子上，然后继续向学校走去。卡齐娅看见这个环子，就知道玛丽已经先走过去了。

卡齐娅很可爱，她是一个快乐而且幸运的孩子，她很受父母的宠爱；普希波罗夫斯基先生和夫人对于玛丽也十分宠爱，他们把玛丽当作自己的女儿，并设法使玛丽忘记自己是一个没有母亲的孩子。

到了公立高中以后，玛丽的功课总是全班第一，没有任何功课使她感到困难，班上有许多俄国、德国、波兰和犹太血统的学生，大家都对她的成绩表示由衷的钦佩。

学校教师和管理人员对波兰学生的敌视态度，使玛丽切身痛苦地感受到了。一位叫迈耶的德国女人，是她的教导主任，对玛丽特别看不顺眼。

这位教导主任身材矮小，比玛丽要矮一个头，她最大的本领是像幽灵一样，悄无声息地到处转悠、盯梢、偷听，使波兰血统的学生们过着难以忍受的生活。

迈耶小姐只要一想到那个姓"斯克沃多夫斯卡"的高才生，就不由得火冒三丈，因为这个女孩子居然敢以轻蔑的一笑来顶回她的训斥。

生活像小溪一样潺潺地向前流，有时在一块突兀的岩石前撞击后，形成一股回流，在那儿漩上几圈，而后，突然醒悟似的向前奔忙，欢快地在阳光下跃动、欢叫。

玛丽在公立高中也有许多让她高兴的时候，何况她也开始能以诗人和哲人的眼光来欣赏美丽的华沙了。

有一次在上学路上，玛丽问卡齐娅："迈耶小姐穿一双不出声的软底鞋，你知道这是为什么吗？"

"这不明摆着吗，干密探呗。当你与别人谈话时，她可以悄无声息地走近你们身边。这种人真让人恶心！"

"在老师中还不止一个像迈耶小姐那样的人，这些人哪儿是教书，好像只是来监视我们的！"

说着走着，走着说着，玛丽忽然握紧卡齐娅的手，说："糟了，忘了一件事。"

"什么事呀，瞧你急得那样。"

忽然卡齐娅也明白了。她们俩又急忙向萨克斯广场的尖碑跑去，把那口忘了吐出的唾沫一本正经地吐到碑上。

这种年龄应该是充满爱、宽容和希望的年龄，是人生最纯洁、最快乐的时光，但她们却要在自己还不太成熟的感情中拿一部分出去学会怨恨，这是何等的不幸！

有一次，玛丽因为表达这种怨恨受到了父亲的批评。

一天，俄国皇帝亚历山大二世在圣彼得堡被民意党人刺杀了。

玛丽和卡齐娅在学校得知这个消息后，高兴得情不自禁地拥抱起来，在课桌之间又蹦又跳，还跳到讲台上欢呼"万岁"。

正当她俩得意忘形之际，迈耶小姐突然走进教室。她愤怒地大声叫嚷："快给我停下来！你们俩，玛丽和卡齐娅！知道今天是什么日子吗？是全俄罗斯人民哀痛的日子，而你们却在这里又跳又叫，像什么样子！给我说清楚，为什么高兴得又跳又叫？为什么？"

玛丽一时语塞，不知如何回答。迈耶小姐气势更凶了，不断地逼问："说呀，为什么？你，卡齐娅先说！"

玛丽知道卡齐娅胆小，便脱口而出："我们只是想跳一跳，脚有点发痒，难道不行吗？"

迈耶小姐非常严厉地对她俩说："伟大的俄罗斯皇帝陛下去世之日，你们应该感到沉痛！脚痒？脚怎么恰好今天痒起来了？你们也不想一想，正是有了俄罗斯皇帝的恩泽，我们才能过上平稳、幸福的日子，不是吗？好了，我只讲这么多，你们也不必上课了，先回家去。我还要把这件事告诉你们的大人，让他们知道你们都干了些什么，然后再决定怎么处置你们。"

迈耶小姐说的最后一句话击中了玛丽的要害，使她的心因恐惧而疼痛。她难过地想起，父亲在七八年前，正是由于对俄罗斯奴化教育的不满被撤职，并给全家带来巨大的不幸，如果由于自己这次的行为，再为父亲和自己带来麻烦，那会让父亲多么为难和痛心啊！

回家后，玛丽怀着紧张而痛苦的心情等待父亲回家。当她终于看见父亲从外面走进家门时，立刻扑到父亲的怀里抽泣起来。"爸爸，都是我不好。"

父亲难过而又慈祥地轻轻拍着小女儿的肩，好久没有作声。等玛丽情绪平息之后，父亲让小女儿坐下，然后平静地对她说："玛丽，你放心，你没有被勒令退学，这事就算过去了。明天你还可以和卡齐娅一起去学校。不过要记住，不管是什么人，因为他的死而高兴得跳起来都有点过分。真正的波兰姑娘不会干那么轻率的事。另外，应该有高雅的举止、良好的教养，才能受到所有人的尊敬和爱戴，成为一位才学卓著的人，明白了吗？"

玛丽低下头说："明白了，爸爸。"

阳光是七彩的，生活也是七彩的。玛丽在学校生活中也有许多欢乐的时光。

被压迫者心中形成的冷酷无情，是政治压制造成的最不幸的后果之一。玛丽和卡齐娅所感到的怨恨，绝不是自由的人们所能体会的。虽然她们天性温厚，她们现在却按照一种特殊的伦理，一种奴隶的伦理去生活，把这种怨恨看成美德，把服从命令当作是怯懦。这些青年对于压迫的反应，是去热烈亲近她们可以敬爱的人。

年轻的数学老师格拉斯先生和讲授自然科学的老师罗萨尔斯基先生，他们都是波兰人，除了教书十分认真、吸引人以外，他们还常常讲一些含义隽永的话，让人揣摩好久才能大彻大悟。

他们显然是爱国的波兰知识分子，在讲授自然科学和数学时，巧妙地让学生们知道波兰的历史和波兰优秀人物对人类的贡献。他们的讲课，给玛丽和卡齐娅带来了极大的满足和愉快。

玛丽也逐渐感到学校生活对她仍然有很大的魅力。读公立高中后的第一次暑假，她是在农村度过的。她在农村时给卡齐娅的信中写道：

卡齐娅：

你知道虽然有这一切，我还是喜欢这个中学的。也许你要讥笑我，但我仍然要说我喜欢它，甚至很喜欢它，现在我已经意识到这一点了。你千万不要以为我非有它不可，啊，不，只是在我想到就要回到那里去的时候，并不觉得难过；想到还要在里面过两年，也不像我以前觉得那样可怕，那样痛苦，那样长了。

学校的生活，对于有爱心的人来说，是甜美的、快活的，虽然时不时会有一些怨恨夹杂其中。

以优异的成绩毕业

1883年6月12日,16岁的玛丽高中毕业了。像哥哥约瑟夫、姐姐布罗妮娅一样,玛丽成绩优秀,为她的家庭获得了第三枚金质奖章。

斯克沃多夫斯基先生高兴极了,他怀着骄傲的心情参加了小女儿的毕业和授奖典礼。当身着黑礼服的玛丽站在台上接受毕业证书和奖章时,斯克沃多夫斯基先生的眼睛湿润了。

毕业典礼结束后,玛丽挽着父亲的胳膊,高兴而又伤感地离开了这所让人一言难尽的中学。

玛丽高中毕业后,身体显得十分单薄,现在去就业,显然还早了一点;继续深造,当然是玛丽最最盼望的,但家里根本拿不出这笔钱。

斯克沃多夫斯基先生在取得女儿的同意后,决定让玛丽到离华沙很远的乡下去生活一年,委托农村的亲戚照料她。

一年的休假,人们也许会尽力想象有一种早熟的使命感萦绕着这位天才的少女,暗地里研究着科学书籍;可是不对,在这个叫作青春期的神秘过程中，玛丽的身体发生了些变化，她的面容出落得更加俊秀，同时她也忽然变得懒洋洋的了！

于是，玛丽兴致勃勃地来到波兰南部克拉科夫附近的乡村，过起了她一生中唯一一次闲散而愉快的田园生活。

她住在叔父克萨维尔先生的家里。克萨维尔叔叔有一个不大的牧场，养着50多匹纯种马，在这儿，玛丽成了一个很像样子的女骑士。

除了骑马，玛丽最喜欢的是在山林中游荡。在温柔静谧的喀尔巴阡山中的森林中漫游，这真使玛丽有一种说不出的奇妙的愉悦。蓝天之下，是挺拔的黑枫树林，从树林的顶端望去，远处山顶上皑皑的积雪在阳光的照耀下，像是一条美丽的纱巾在蓝天下飘扬。晚间，万籁俱静，只有树枝在窗外婆娑起舞，黑暗旷野的深处偶尔传来几声凄厉的狼嚎。

在乡间，玛丽常常在灯下给卡齐娅写信。因为心情异乎寻常的平静，时间又是那么不可思议的充裕，她能像一个作家那样，细致生动地向好友描述乡间生活的感受。

夏天过去以后，玛丽又到另一个叔叔斯德齐斯拉夫家去过冬。斯德齐斯拉夫叔叔住在位于波兰东南、维斯杜拉河上游的斯卡罗布米亚兹小镇，叔叔是小镇的公证人。

斯德齐斯拉夫叔叔家是一个非常快乐的家庭，斯德齐斯拉夫叔叔幽默而大度，婶娘美丽而心地善良，他们的3个女儿无忧无虑，从来不会用忧郁来打发日子，欢笑几乎成了她们的专利。冬天，当大雪覆盖大地、山峦和森林时，每逢大小节日，年轻的小伙子和姑娘都会在晚上乘着雪橇一家换一家地疯狂地跳起波兰民间舞蹈。

姑娘们漂亮的彩裙在急速旋转中高高飞起，小伙子们用脚把地板踩得震天响，乐师们前俯后仰地拼命吹着、拉着华尔兹舞曲、马祖卡舞曲。每次跳舞时，玛丽都穿着波兰乡村女孩的节日礼服，成了小伙子们注目的中心。她的舞跳得太棒了，连叔叔家的3个姑娘都不得不以嫉妒的眼光，瞧着那些身穿白羊皮衣服的小伙子呼啸而欢快地向玛丽身边拥去。

1883年至1884年这一年多的乡村生活，是玛丽人生中的一个让她永远不能忘怀的驿站。1884年7月，玛丽结束了长达一年的乡间生活回到华沙。

年近花甲的父亲简直认不出自己心爱的小女儿了。个子长高了，身体也丰满了，完全像一个发育很好的波兰农村姑娘了，只是那一双深陷进去的眼睛，仍然像以前那样熠熠闪光，透露出一股对社会、对宇宙执着而狂热的好奇。

玛丽高兴地紧紧拥抱着父亲说："爸爸，我回来了！"

"太好了，太好了，你这么健壮，真好！"

玛丽环视一眼新搬的家。新家位于她童年学校的旁边，这儿是比较贫困的地区，居住面积比以前小了许多。

斯克沃多夫斯基先生对女儿说："房间小了一些，是吗？啊，是这样的，我们决定不再收寄宿生了，你们都大了，需要一个安静、舒适的家庭环境。"

"太好了，爸爸，您的决定总让人高兴。"

"我想，虽然少了一些收入，但我可以在这安静的环境里，找些近期出版的物理学和化学方面的书籍，一方面浏览一下，另一方面可以找些合适的内容翻译出来，赚点稿费贴补家用。"

玛丽难过地看着日渐衰老的父亲。在妈妈去世6年多以来，为了儿女们的学习，他将他的一切都奉献出来了。

父亲嗜书如命，但为了多赚几个钱，他把宝贵的时间差不多都用来辅导10来个寄宿生，几乎放弃了对自然科学的研究。

那额头上深深的沟纹，那日益稀疏的白发，还有那日益暗淡下去的眼神，无一不向玛丽展示了父亲的付出。

"爸爸"，玛丽激动地说，"我已经17岁了，我可以当家庭教师维持自己的生活，不能让爸爸您再为钱去奔波了。我说的是真的！"

斯克沃多夫斯基先生也假装十分认真地说："啊，我说过你说的是假的吗？啊，没说过吧？"接着，两人相抱，大声欢笑。

在欢笑中斯克沃多夫斯基先生又是欢欣，又是抱歉地说："我的小女儿能赚钱自立了，哈哈，真让人高兴啊！不过爸爸也内疚，如果有钱，本可以让你去深造的。"

玛丽抢着说："爸爸，您不是说过，贫穷是一切艺术和职业的母亲吗？我们这样不是很好吗？深造是我的追求、梦想，我想总有一天我会靠自己的努力达到这个目的的。"

"好，爸爸就喜欢像你这样有志气的孩子！"斯克沃多夫斯基先生说。

不久，玛丽找到了一份家教工作。然而，当她真正走入社会的时候，她就异常惊奇地发现，这个呈现在她面前的社会光怪陆离、无奇不有，与她心灵中编织的玫瑰色的梦想大相径庭，而且几乎是格格不入。

决定去巴黎深造

在当时的波兰，那些家长常常瞧不起谋职的家庭教师，认为这些"懂得一点知识的穷人"理应对富家小姐曲意逢迎、强颜欢笑。

如果小姐出门未归，误了授课时间，家长们往往不会为女儿的行为感到抱歉，请求老师原谅，反而会像对下人说话那样满不在乎地说："小姐还没回来，因为她不太喜欢读书，玩起来就会忘记一切。不过，她还小，这是不足为怪的事，你等一下，她会回来的。"如此等。

玛丽的心中窝着一股火，但为了不丢掉一份好不容易找到的家教，只好白白浪费自己的时间，在那儿等待学生的归来。

更让人生气的是，到每月该付授课费时，这些富人忽然都成了莫里哀剧中的"阿巴贡"，为少得可怜的几个钱一拖再拖。

每一次玛丽受到这种窝囊气，回到家就会气愤地说："可恶！这些为富不仁的人真可恶！讨厌！"每逢这时，布罗妮娅都会低声安慰她，慢慢抚平妹妹心灵上的委屈、创伤。

这种日复一日、缺乏刺激的生活，对于青年人是一种最危险的麻醉剂，多少有志青年在这种平庸的生活中失去了理想、追求和激情，最后成了一个成天发牢骚的、不可救药的愤世嫉俗者。玛丽也有过这种危险的心态：感到无聊。

这种平庸的生活如果继续持续下去，肯定会损害玛丽的心态，但幸亏她结识了一位比她大10来岁的中学女教师皮娅塞茨卡小姐。玛丽被这位知识渊博、意志坚强的女人吸引住了。

皮娅塞茨卡小姐熟悉波兰以外的国家，如英国、法国在哲学和自然科学上所取得的辉煌成就。

在她的帮助下，玛丽逐渐知道了法国实证主义创始人孔德的实证主义哲学，英国哲学家、心理学家斯宾塞的以经验为基础的"综合哲学"，还知道了法国微生物学创立者巴斯德的"生源论"，英国生物学家达尔文以及他提出的以自然选择为基础的进化学说，还有法国生理学家伯纳德的最新发现。

玛丽强烈的求知欲望，立即在皮娅塞茨卡小姐激情的讲述中被煽动起来，像冬眠结束的熊一样，一旦苏醒过来，就会很快产生强烈的食欲。

对于像玛丽这样的人，正如培根所说的那样，除了知识和学问之外，世上没有任何其他力量能在她的精神和心灵，思想、想象、见解和信仰中建立起统治和权威。

在皮娅塞茨卡小姐的劝说下，玛丽和她的两个姐姐一起参加了一种半公开半秘密活动的"流动大学"。

在流动大学里，玛丽他们定期请一些有学识的教师，为需要知识的青年们讲授解剖学、自然科学、社会学和博物学等课程。这样，一方面增加了自身的学识，另一方面通过学习，增强了对祖国未来发展的信心。

除了听课以外，"流动大学"的成员们还到工厂和其他一些急需文化知识的地方去讲课，传授文化知识。玛丽被分配到一个缝纫工厂去为女工们服务。她热情高涨地为女工们朗读，还设法为大家组建一个小小的图书室。

如果循着这样一条道路发展下去，玛丽也许会成为一位坚定的职业革命家，但这件事并没有发生。有多方面的原因，如父亲对自然科学的爱好，从小就引起她强烈的神秘感，这种朦胧的神秘感，想必已经在玛丽的心灵深处织出了一个难解的情结，影响她的终生。

有一次，玛丽在与约瑟夫、海拉讨论青年人应该有什么样的理想和怎样为复兴波兰而决定自己的行动时，她认真思索后说：

> 我不认为参加运动是最好的方式。刚刚进入社会，自己闯一闯就会懂的。但我认为更重要的是我对科学、数学、文学等各方面的知识都十分缺乏，如果有了真正的知识，在关键时刻，就会作出正确的判断。

正是在这种认识下，玛丽在经过深思熟虑后，毅然对布罗妮娅谈起去巴黎深造的事情。这时，布罗妮娅不解地问："你怎么突然像做梦一样想起这桩事情了呢？"

"我最近考虑了好久，也和爸爸谈过，我想，我已经想出了一条可以走得通的路了。"玛丽说。

"走得通的路？我不明白。"

玛丽心中有数地问布罗妮娅："为了去巴黎读书，你已经存了多少钱？能在巴黎生活多久？"

布罗妮娅一定是反复算过她的存款，所以很快地回答说："除了旅费以外，可以生活一年左右吧。可是，在巴黎念完医科大学得五年！钱差得太远了！"玛丽不理会布罗妮娅的沮丧，她继续说，"我有办法实现你和我的梦想。"

"你疯了！"

"听我说，到巴黎以后开始的第一年，你用自己的存款生活，以后我可以设法寄钱给你，爸爸也会尽力寄一点。"

"玛丽！你哪有钱寄给我？"

"靠现在这样授课一小时只赚半个卢布，当然不会有钱寄给你，但是如果我到乡村去找一家愿意供食宿的家庭当家庭教师，那我一年可以挣400多卢布，不是就可以寄钱给你了吗？"

布罗妮娅感激的泪水不由自主地充满眼眶，她声音哽咽地说："玛丽，我的小妹妹。"

"同时，我自己也还可以存一些钱，等你读完了医科大学，就轮到我去巴黎读书了，而你已经当上了医生，不就又可以帮助我了吗？"玛丽说道。

"小玛丽！你真好，但是当家庭教师会让你受很多委屈的。"

"你还记得阿斯尼克的诗吗？'寻找那不为人知的新路，建造一座未来的殿堂。'我们的新路一定可以走通，我们未来的殿堂一定可以建造得更辉煌，是吗？"

布罗妮娅犹豫地说："玛丽，你比我更优秀，为什么不是你先去。"

"别犯傻了。你今年已经20岁了，我还不满18岁，当然是你先去嘛。"

从事家庭教师职业

人们也许不太了解19世纪末期在波兰女家庭教师的社会地位。人们可能还会以为那是一种十分罗曼蒂克的职业，既高雅又受人尊敬，是一种地位很高的职业。如果这样想，那就大错特错了，而且也会使我们不能更清楚地了解玛丽的牺牲精神。

那时到富贵人家执教的家庭教师，实际上的地位与厨娘、花匠、佣人的地位是差不多的，也许稍高一点吧。

布罗妮娅知道一个年轻的女子远离温暖的家和慈父的呵护，只身一人到陌生的富贵人家当家庭教师是一件多么令人伤心和忧虑的事情，所以她为玛丽的伟大奉献精神深深地感动了，同时又放心不下这个还不十分经事的妹妹。她担心妹妹会在陌生、势利的家庭里受到委屈。

但是，玛丽却义无反顾地行动起来了，没有给布罗妮娅忧虑和犹豫的时间。

到职业介绍所提出申请以后大约3个月，玛丽就找到了一个家庭教师的职位。

她能这么快地找到一个比较满意的职位，恐怕得益于她获得过一枚金质奖章和精通英、德、俄、法、波兰等几国语言文字。

　　1886年1月1日，在一个严寒的日子里，玛丽强忍住眼泪，告别了年迈慈祥的父亲和亲爱的哥哥、姐姐。她只带上简单的行李便乘着火车向北行驶，踏上了只身在外的从教之路。

　　玛丽要去的地方在华沙北边100公里处。在那儿，她的雇主Z先生经营着一位亲王的大片土地。

　　当火车终于鸣笛离开了华沙站，华沙的万家灯火已经远远被抛在后面的时候，玛丽突然感到一种前所未有的恐惧和孤独。

　　以前在家，有父亲和布罗妮娅的呵护和关照，她觉得自己坚强而有力，能傲视世上一切让她觉得厌恶的东西。然而，现在她孤零零一个人坐在火车的硬座上，周围都是陌生、惊奇的眼光。

　　她想到，从此不会再有家中那些温柔、睿智的谈话，一切都显得那么粗俗、令人沮丧。她内心的力量和勇气似乎在逐渐消失，无名的恐惧正从四周向她包围过来。

　　接着袭来的仍是毫无思想准备的阵阵恐惧，这种莫名的恐惧无情地骚扰着她，无数可怕的、痛苦的问题紧紧地抓着她的心，让她几乎喘不过气来。

　　"父亲显然已经衰老了，如果突然病倒我还能再见到他吗？"玛丽悲伤地想着。

　　如果Z先生和夫人像以前她教过的那些学生家长们那样吝啬、傲慢和庸俗，她还能忍受得了吗？她未来的学生会听话吗？能与她合得来吗？她甚至已经想象得出Z先生和夫人是如何粗鲁而令人无法容忍了。

　　我也许做了一件非常愚蠢的事，玛丽这样想着，孤独无望而十分痛苦的泪水流到了美丽的脸颊上。

玛丽用手轻轻拭去泪水，但泪水却不断地向下流，向下流。

一切在以前显得那么美好、有力、光明的设想，怎么一上了火车、离开了亲人，就完全变成了它们的反面呢？

3个小时的火车再加上4个小时的雪橇，玛丽终于来到了Z先生的家。

谢天谢地，一切不算那么可怕，她甚至嘲笑自己在途中怎么会把一切想得那么可怕。

Z先生很有教养，也很富有同情心。Z夫人脾气虽然有点反复无常，但只要应付得当，仍然十分和蔼。他们的大女儿和二女儿，也就是玛丽的学生18岁的布朗卡和10岁的安齐娅，也与她相处得很融洽。

在Z先生家住下一个月之后，玛丽在给表姐亨利爱特的信中描述了自己的状况：

> 我到Z先生和夫人家里来已经有一个月了，我现在已经适应了新的环境。一直到现在，诸事都算顺利，Z家的人都很好，我同他们的大女儿布朗卡已经建立了很友好的关系，这使我的生活还算愉快。至于我的学生安齐娅，她10岁了，是一个听话的孩子，不过很散漫、很骄纵。总之，谁也不能要求别人十全十美。
>
> 在这个地方，没有人工作，人们只想着娱乐。这里的青年人十分乏味，女孩子除了极讨厌的以外，就是一些从来不开口的呆子，似乎也有几个比较聪明的，不过现在，我觉得我的布朗卡小姐是一颗少有的明珠，她有良好的判

断力,而且了解人生。

我一天工作7个小时,4个小时和安齐娅在一起,3个小时和布朗卡在一起。工作是多一点,可是毫无关系。我的住房在楼上,宽大、安静,而且舒适。Z家儿女不少,有3个儿子在华沙;家里有布朗卡、安齐娅和3岁的斯塔斯,还有一个6个月的小女孩玛丽丝娜。斯塔斯很有趣,他的嫂嫂讲给他说,上帝是无所不在的,他的小脸显得很忧虑地问:"他会来捉我吗?他会咬我吗?"我们都觉得好玩极了!

从玛丽那幽默而有文学色彩的书信来看,她真的已经逐渐适应了Z家的生活。总体来说,她对那里的一切还是比较满意的。

Z先生和夫人的人品都还不错,布朗卡与她的年龄一样,平时俩人也比较谈得来。

更重要的一点是,这里给玛丽的一年工资是500卢布,这样的薪水在当时是比较高的。这样,她每月就可以寄15卢布至20卢布给布罗妮娅了。

一切似乎都在如愿以偿地行进和运转之中。

但玛丽生性就习惯和钟爱大胆的独创行动。她根本无法长久地容忍平庸、传统的保守生活。

她写信给同她一样是"实证论的理想主义者"的亨利爱特表姐埋怨道:

"你问大家在一起时的谈话吗?我告诉你,他们除了闲谈还是闲谈,谈话的话题只有邻居、跳舞、聚会等。说到跳舞,她们跳得尽善尽美,只是她们的教育丝毫不曾发展她们的智力,而这里又不断有一些荒唐的宴会，把她们所有的智力都消耗完了。说到青年男子也很少有聪明的，跟他们谈实证论、劳工问题，他们根本不喜欢听，恐怕以前也没有听到过。"

玛丽还是喜欢一个人散步，在散步时她能感受到大自然孕育的那种永恒的美。更奇怪的是，那些永恒的、伟大的自然定律在这时每每会突然从她的脑际闪现，它们就像浩渺宇宙中无言的星座，给她带来了无法言说的安慰、信心和鼓励！

然而，即便是散步也有让她难过的时候。

当她遇见并知道那些沾满泥土的穷人家孩子几乎都是文盲时，她那种与生俱来的热情、无条件帮助需要帮助的人的那种信念，使她久久无法平静下来。她内心根本无法容忍人世间这种巨大的不平等。

在经过一段时间的内心斗争后，她终于决定同布朗卡一起考虑如何帮助那些孩子，改善他们目前的状况，让他们了解波兰语言和波兰民族的美好。

玛丽对布朗卡说，自己想利用给她们姐妹俩讲课之余，每天义务地为穷人家的孩子扫除文盲，教室就用她住的楼上的房间。布朗卡听了她的想法后不仅非常赞成，而且热情地帮助玛丽，使她的愿望得以实现。

1886年12月，玛丽到Z先生家已经快满一年了。她在给表姐的信中谈到了她的农民学生们。

我的农民学生现在已经有18个了，当然他们不能一起来，因为我应付不了，这样我每天要花费两小时的时间为他们辅导功课。星期三和星期六我同他们在一起的时间比较长,大约有5个小时。

这种工作既不妨碍我尽我的职责,对任何人也都没有害处。我在这些小孩学习上的进展中,得到极大的愉快和安慰。

这样一来,玛丽不仅要听安齐娅结结巴巴地背课文,要教布朗卡做功课,这些事情全部都做完之后,玛丽还要上楼去,在自己的屋子里等着。

当楼梯上响起了小靴子的声音,还掺杂着赤脚走楼梯的轻轻的脚步声,于是,玛丽就可判断出,是她的学生到了。

玛丽还特地借了一张松木的桌子和几把椅子,这样她的学生们就可以舒舒服服地看书写字了。

这间石灰墙的大屋子里有七八个老实的青年,学起字来笨手笨脚,半天拼不出一个字来,急得抓耳挠腮。玛丽和布朗卡分别辅导他们。

玛丽的这些学生都是仆人、农民、糖厂工人的子女,他们喜欢都围在穿着深色衣服的金色头发的玛丽周围,虽然他们的身上总是有一股不很好闻的味道。

他们当中也有一些是不用心或者天生比较愚顽的,但是在他们大多数人明亮的眼睛里,都显现出一种对知识的强烈渴望。

如果有一天,他们能够独立地读书、写字,玛丽就会觉得,这是一件很神奇的事情。

有的时候坐在屋子的一头看上课的人们,那些孩子们不识字的父母会发出惊奇赞叹。在这个时候,玛丽的心就会紧缩起来。

玛丽有一个愿望,那就是希望世界上的孩子们都能够有条件、有机会读书。一想到这些粗野的人里也许就隐藏着天才，玛丽就会泪流满面。

玛丽一生都是这样，总是因为别人能得到她的帮助而感到愉快、安慰，而且从不计较自己的付出。

当她是一个19岁的贫穷家庭教师时是如此，几十年后当她名震全球时，她更是如此。她从来没有在这样的道路上偏离过，而且，当她名声越大时，她的这种无条件的奉献精神就越是感人。

业余时间勤奋自学

一年多的时间过去了，在这一年多的时间里，玛丽除了恪尽职守，努力帮助农民学生，按时寄钱给布罗妮娅以外，从没忘记过自己追求的未来殿堂。

"啊，我什么时候能够坐上火车向巴黎飞驰而去？"她巴不得立即羽化升空，飞到她心中的圣殿去，加入那些有幸在大学学习的众学子行列中。但是她不能，她必须在这文化、精神贫瘠之地的农村待上5年！

有时她一想起还要在这儿熬上几年，就难免心灰意冷，觉得这简直是无法达到尽头的时间间隔。不过幸好这种失望的情绪没有完全控制玛丽，只不过像海潮那样，有时来了，但很快又会退去。她不是一个喜欢空想的姑娘，她知道如何去脚踏实地地一步步走近她的梦想。除了忙碌的工作之外，她把剩下的时间一股脑儿地用来埋头读书，为的是蓄积力量，以便5年后到圣殿去拼搏。

玛丽在一封给亨利爱特的信中写道：

我必须做的事很多，有的日子我从8时至11时30分，从14时至15时30分，总是忙个不停。到晚上21时，若没有意外的阻碍，我就专心看我的书，并且做自己的工作。

我养成了在6时起床的习惯，以便多用点功。

现在我同时读几种书：丹尼尔著的《物理学》，已读完第一卷；斯宾塞著的《社会学》，法文本；保罗·伯特著的《解剖学及生理学教程》，俄文本。因为专门研究一种东西会使我的宝贵头脑疲倦，它已经太辛苦了！若是在读书的时候觉得不能完全由书里吸收有用的东西，我就做代数和三角习题，这是稍微分心就做不出来的，这样它们就又把我引回正路去了。

有时遇到特别困难的问题，她就写信请教父亲。父亲总是尽他的一切可能把小女儿提的问题解释得透彻、明了，这是年迈而又为穷困所扰的父亲唯一能帮助、鼓舞女儿的方式。

父亲也鼓励她今后以物理、化学为主攻方向。斯克沃多夫斯基先生一生热爱物理、化学，尤其喜欢进实验室做各种实验，但俄罗斯统治者却竭力阻止波兰学生学习科学知识，实验室基本上被关闭，他的一片痴情也无法实现。

玛丽把更多的时间用来读物理、化学，但她遇到许多几乎让她丧失信心的困难。她并不是人们想象的那样一目十行的神童，她是通过自己的刻苦才获得日后的成就的。她在给哥哥约瑟夫的一封信中写道：

我正在通过书本学习化学，但效果甚微，至少我是这么认为的。因为没有实践的机会,没有做实验的地方,所以没有任何办法。

从这封信我们可以看出玛丽要付出多大的努力,才能使她那基础浅薄的知识得到提高。

布罗妮娅的来信,对玛丽来说简直是上帝带给她的福音。布罗妮娅在信中告诉妹妹,她在大学里学习得十分顺利,成绩不错。布罗妮娅还深情地写道:

亲爱的玛丽,多亏你,我才能在这片自由的天地里学习。我真是一个幸运儿,也真是不胜感激你。

你以后一定要来这个国家,那时由我来出学费。我期待你,祝你早日迎来那一天。

首次经受感情挫折

玛丽在当家庭教师时，她人生旅途中的一个重大而痛苦的考验，正悄悄地向她逼近。

玛丽到Z先生家约半年多时，Z先生的大儿子卡西米尔从华沙大学回家度暑假。当他发现家中有一位楚楚动人、谈吐不俗、骑马跳舞、样样精通的家庭女教师时，一下子就拜倒在玛丽的石榴裙下了。

玛丽半年多来在农村的生活中，虽然工作很忙，她也强迫自己拼命学习，然而这里几乎没有一个人能与玛丽进行对等的、机敏的探讨或谈话，她有时几乎为此焦躁不安。

在玛丽面前突然出现一位从华沙大学来的大学生，而且是和约瑟夫一样的大学生！在华沙，住着她的爸爸、哥哥、姐姐、老师和朋友，仅这一点，就拉近了她和卡西米尔的距离，使她感到亲切。

所以，她不知不觉地就把卡西米尔当作自己的知音和亲人了，这是一点也不奇怪的，更何况他们之间还有那么多的共同语言可以相互交流。

接着，两人迅速坠入情网。热情、敏感和寂寞的玛丽接受了卡西米尔的爱。两个不经世事的年轻人像所有年轻人一样，把世界上的一切都理想化了，以为世界上的一切清规戒律都是为别人设定的，绝不会套到他们身上。

卡西米尔认为爸爸妈妈很疼爱自己，绝不会为难他，何况他已是一个有知识的、会思考人生的大学生了。

而玛丽也天真地认为，Z先生和夫人对她很尊重，在她生日时还送鲜花和礼物给她，甚至还有意邀请她的父亲、哥哥、姐姐到他们家做客。再说自己的家庭虽然穷一点，但从受教育的角度来看，他们两家可以说不分伯仲。

所以玛丽和卡西米尔两人都以为，他们之间的爱情是极其美满的，一定会十分顺利地向前发展，不会受到任何阻碍。

但是，他们两人都彻底错了，社会上的所有清规戒律、所有为了维护等级制度的规范，是为社会所有的人设定的，也是为卡西米尔和玛丽设定的。

只有极少数大智大勇者可以鄙视它，并把它踩在脚下跨越过去，大部分人在它面前只有无可奈何地受它摆布。可惜卡西米尔不是一个大智大勇的人，他没有魄力和勇气与玛丽携手共同挣脱那无形的锁链。

当Z先生和夫人知道卡西米尔想和玛丽结婚时，他们雷霆般的震怒让这位大学生吃惊、恐惧。他的父亲气急败坏地训斥道："我们绝不可能同意你娶一个卑微的家庭女教师！"

母亲几乎晕倒过去，她对儿子恨铁不成钢地说："要知道，这姑娘身无分文，不得不在别人家寻事做，我们家的孩子要是和这样一个像女仆一样的姑娘结婚，你能想象别人会怎么笑话我们家吗？这成什么体统呢？"

Z夫人在结婚前也是一个家庭女教师，现在成了阔太太就忘了这段往事，以一种不可通融的决断将儿子的情丝斩断。

卡西米尔屈服了，尽管他向玛丽委婉和歉疚地解释了这一切，但玛丽的心灵上已经受到了致命的伤害，而且伤害她的人在智力上比她还低，这更使她感到伤心和愤怒。

以前她还天真地相信Z夫妇是真心地尊重她，而她也理所当然地承认和接受了这份尊重。现在她才明白，这份尊重只不过是在不触及社会最根基的等级制度时，才能像那么回事地在那儿表演，而一旦触动了那个根基，虚伪外表下的狰狞就会取而代之了！

失去爱情要比享受不到爱情更不堪忍受。玛丽纯洁无瑕的初恋，以一种想象不到的残酷方式宣布结束，这对于一个身边没有亲人关怀和劝告的年轻女子，真是可怕的打击。

尤其不可忍受的是，她的那份真情，和卡西米尔的山盟海誓、海枯石烂的豪言壮语，竟在顷刻间灰飞烟灭和冰消瓦解。连最珍贵的爱情尚且如此，这人间还有什么可以值得信赖的？玛丽突然陷入了心灰意冷的绝望之中。

1886年12月，她在给亨利爱特的信中肠断魂销地写道：

你问我的前途计划吗？我没有计划，或者不如说，我的计划太普通，也太简单，不值得一提。我是得过且过，到了实在不能过的时候，就向尘世告别。这损失想必很小，而人们惋惜我的时间，也一定很短，和惋惜许多别的人一样短。

这真是我唯一的计划。有人认为无论如何我不能不经过那种叫作恋爱的寒热症,这完全不在我的计划之内。如果说我从前有过什么计划的话,现在也烟消云散了。我已把它们埋葬、禁锢、封闭和遗忘了。你知道,如果想用脑袋去撞毁围墙,围墙总是比人的脑袋坚固得多。

看了这封信,我们也许会大吃一惊:一位伟大的女性,一位全球闻名的科学大师,在她19岁时怎么会因为初恋的失败就产生这么可怕的念头要自杀呢?其实这并不奇怪,伟大的人物也是有血肉感情的人,更何况,玛丽承受着双重的打击:失恋和孤独,所以她的失望和痛苦也非同一般。

玛丽虽说痛苦已极,但最终她没有逃遁,她本可以一走了之,回到华沙亲人身边,既可远离让她触景生情的痛苦之地,又可以在亲人身边得到安慰,抚平心中的创伤。玛丽的可贵和让人敬佩之处是她勇敢地继续在Z夫妇家中任教。

布罗妮娅正等待着她的经济援助,而这儿的工资相当可观,再想在别的地方找到这么好的工作,不能说不可能,但谁又能料定得等到什么时候才能找到呢?3个月?半年?可是布罗妮娅一个月也不能没钱吃饭呀!

玛丽不愧是一个坚强的姑娘,当那最痛楚的时刻过去以后,她立即调整了自己的感情,把失恋带来的痛苦深深埋藏起来。她像没发生过任何事情一样,继续认真辅导布朗卡和安齐娅的功课,继续义务教她的那十几个农民学生。一切又都恢复了往日的平静,像什么事也没发生一样。

但是,在很长一段时间里,玛丽果真把自己的抱负和理想埋葬、禁锢、封闭起来了。她极力把自己打扮成一个殉道者,极力让自己忘掉往日可笑的一些计划。现在唯一能让她勇敢挺下去的兴奋剂，就是她可以用自己挣的钱尽力帮助家人。

1887年3月9日，也就是前面提到的那封写有自杀念头的信的3个多月之后，她在给约瑟夫的信中写道：

> 我想若能借到几百卢布，你就可以留在华沙，而不必在外省把自己埋葬掉，在小地方工作会把自己埋没在穷乡僻壤，做不出什么事业来，若是你到了这种地步，我一定极为痛苦。因为我现在已经不再希望我有一天能成为一个人物，我的全部宏愿都转移到布罗妮娅和你的身上了。我对自己的惋惜越深，对于你们的希望就越大。

初恋失败真的深深伤害了好强的玛丽，使她在相当长的时间里无法振作自己的意志和信心。她似乎从这次失恋中发现了自己的幼稚和无知，她竟然曾经指望这些富贵人家会像她那样思考问题。真可笑！

由此玛丽又把自己的这种幼稚和可笑加以放大，结果她甚至开始怀疑自己以前的计划、抱负、圣殿，认为它们也许都是幼稚可笑的。

这种怀疑像麻醉剂一样麻痹着她的神经。一年后的1887年12月10日，这时她已经在Z夫妇家教了近两年书，玛丽在给亨利爱特表姐的信上写道：

> 我的前途计划有限得很。我只梦想有一个自己的角落，能同我的父亲住在一起。因此，万一可能，我要离开这儿，

还要过些时候才办得到。到华沙去住，在一个寄宿学校里找教职，再另外教课补充需用的钱，这就是我的全部希望。

人生不过如此，不值得过于忧虑。

如果玛丽真这样人生不过如此地生活下去，那玛丽就不是斯克沃多夫斯基先生的小女儿玛丽了，就不是公立中学迈耶小姐厌恨的那个玛丽了，而我们地球上也就不会出现一位伟大的女性居里夫人了。

对于一位自尊心很强、智力很高的年轻姑娘来说，初恋因毫无理性的原因所夭折，其打击也的确非同一般。她需要时间抚平创伤，她需要时间调整自己对世界、对社会的认识，也需要时间客观地审视自己。

一年过去以后，玛丽逐渐从这场风暴中挣扎出来了。虽然风暴已经毁坏了周围的许多东西，但她终于慢慢从迷失中寻觅到了新的坐标。

又过了大半年，10月25日，玛丽给她最好的朋友卡齐娅写了一封信，在这封信中写出了正在苏醒过程中的内心矛盾和斗争。信中她写道：

> 说到我，我很愉快，并且时常用欢笑掩饰我的极度不快。这是一件我已学会了的事，我发现若是一个人对于事物的感觉像我这样敏锐，而又不能改变性格中的这种倾向，就至少应该尽力设法掩饰。可是你想，这种办法有什么效果，又有什么好处呢？一点没有！我的活泼气质时常使我发脾气，于是，先说一些后来要后悔的话，然后再以更大

的热情去后悔不应该那样说。

我过了一段很困难的日子,在回忆的时候唯一能安慰我的,乃是不管怎样困难,我还是诚实地应付过来了,而且头昂得很高。

卡齐娅,你会说我变得多愁善感了。不要害怕,我绝不会陷入这种和我的天性很不相容的恶习中,只不过近来我变得很神经过敏而已。因为有一些人尽力设法使我如此。但是等我到你那里去的时候,我一定还是像以往那样愉快、那样自在。

以前那个聪明、机智、固执和使命感极强的玛丽又要回到我们面前了。她逐渐找回了自我,又开始找回往日的抱负、梦想和那圣殿!目前对她最重要的恐怕是换一个地方,最好回华沙去,让这3年的噩梦赶快过去,让她脱离这种非常容易使人麻木的地方。

玛丽数着所剩不多的日子,默默地鼓励自己:最重要的是不要让别人打倒你,也不要让事情打倒你。当然,她的天性也仍然会使她尽力完成她的职责,让她的学生能取得更好的成绩。

1889年玛丽即将结束在Z夫妇家的家庭教师工作。

奔向心中的殿堂

1889年4月中旬，玛丽终于回到了梦寐以求的华沙。

3年来，她不知做了多少回到华沙的美梦，不知有多少个夜晚她曾因为这种狂喜而从梦中醒来，当她发现仍是在异地他乡，独自一人，便轻轻拭去眼角的泪水，让惨淡的月光和远处的狗吠陪伴自己。如今终于回到家了，她怎么会不高兴、不兴奋呢？

还有一件让人高兴的事是，父亲退休后，又在华沙市郊不远处找到一份别人不大愿意干的工作——当儿童感化院院长。虽然这份工作不那么让人喜欢，但是却有着一份可观的月薪。

斯克沃多夫斯基先生为了帮助需要深造的儿女们，毫不犹豫地接受了这份工作。这样一来，他不仅可以支付布罗妮娅的学费，还可以为玛丽积蓄一点去巴黎的学费。

玛丽就在回华沙后不久，又在F先生家找到了一份家庭教师工作，她不得不再次离开华沙。因为她实在不愿意闲待着让年老的父亲供养她。

好在这次她离开华沙不会很久，F先生和她的女儿在波罗的海的海滨度假，不久玛丽会同F先生一家一道返回华沙。无疑，对玛丽来说这是一份很理想的工作，不仅工资不低，又可以继续待在华沙，时常可以看到父亲。

布罗妮娅从上年的4月份开始就由父亲负担学费了，现在玛丽可以为自己积蓄将来去巴黎留学的费用了。

1890年3月初，布罗妮娅的信给玛丽带来了一个盼望已久的好消息：她的学业即将顺利结束，玛丽可以到巴黎去求学了！布罗妮娅在信中热情地向妹妹说：

我的小玛丽，你一生中总该有一天做出些成绩来。如果今年你能筹到几百卢布，明年你就可以到巴黎来了，住在我们家里，这里有你的住处和食物。你必须这样决定，你已经等得太久了！我敢担保你两年就可以成为学士。

在几年的分别之后，父女的情感更深厚了，如果她去巴黎，让父亲再次一个人过着可怕的孤寂生活，这会使她内心感到十分痛苦和不安的。

她把自己的千思万虑告诉了布罗妮娅。布罗妮娅当然极力反对玛丽的这种想法，但她没有足够的物质力量去帮助，只能干着急地劝说。

到了1890年9月，F先生的家庭教师工作结束了。她可以回到家中与爸爸守护在一起了。小女儿终于可以自由地与父亲继续以往那些机智有趣、启示人生的夜间长谈了。这是多么幸福啊！

有一天晚上，斯克沃多夫斯基先生对玛丽语重心长地说：

"玛丽，我有话对你说，如果你以为你回到家来守护你上了年纪的爸爸就会让我感到幸福,那你就想错了。爸爸的确很希望与你住在一起,但你的才干不允许你来守护我,而且我还没到那种年龄。如果你的才干没有更好地发挥出来,我心里能安心、能感到愉快吗?我唯一担心的是你到巴黎后,会遇到一些难以想象的困难,也许你还没有充分预料到这些困难的严重性。"

玛丽听了父亲语重心长的一番话语,并没有作声,她还能说什么呢?她感觉到喉头正在发紧、鼻子已经发酸,此时她眼眶充满泪水地依偎在慈祥的父亲肩头,唯有沉默最能代表此刻的心声。

父亲用温暖的手轻轻拍着女儿的肩膀说:

"玛丽,你明年就可以去巴黎了,到那时布罗妮娅已经毕了业,可以帮助你了。在这之前,你要做好一切准备,包括学习上的。长时间的乡下生活和各种免不了的应酬,恐怕已经使你聪明的头脑需要磨炼一下了。你要加紧学习,我年龄大了,头脑也生锈了,帮不上多大的忙,因此我给你找了一个年轻的老师。"

"那是谁呢?"

"你的表兄约瑟夫·勃古斯基。"

勃古斯基是一位年轻的科学家,他领导着一个工农业博物馆。博物馆里有一间设备简陋的实验室,勃古斯基尽量地让有志的波兰青年在这儿学习科学知识。

玛丽从小就对父亲书橱里的实验仪器入了迷,这也成了她心灵深处不可抹去的情结。而如今,她竟然可以在这个实验室里亲自动手使用静电计、试管和精密天平,这真是让她激动不已!

虽然玛丽在以前读高中时,她的物理、化学成绩都不错,但那都是纸上谈兵,她从没有真正用自己的双手亲自去做过一个物理实验或化学实验。

她发现以前在课堂上很难理解或记住的一些知识，一旦通过亲手实验，就变得容易和有趣多了。

当然，有时玛丽也会在实验中碰到许多意外事故和十分棘手的事情，这就会让遇事不肯罢休的玛丽要到半夜才能回到家。慈祥的父亲总是等着她归来后才肯睡觉。

斯克沃多夫斯基先生有时看见玛丽疲惫的脸色透出沮丧的神情，就知道她一定是实验失败了。这时他会告诉她：

科学的进步是由无数次失败铸就的，实际上这个世界除了心理上的失败，并不存在什么失败。

回到华沙后的生活，既紧张又充实。

白天，玛丽要到私立学校去讲课，为去巴黎学习积蓄资金；晚上她就到实验室去做那些变幻无穷的实验。

这种紧张而又充实的生活，终于将玛丽从6年多冬眠式的生活中彻底唤醒了。强烈的使命感和求知欲，常常令她激动不已。

玛丽十分感激父亲为她想出这么一个好主意，让她有机会到实验室来体验科学研究的痛苦和乐趣。

因为正是有了亲自动手体验到的痛苦和乐趣，她才会对科学研究有了感性的认识，才会让她在这关键时刻决定今后的去向。

玛丽已经24岁了，早该到了决定今后该干什么的年龄。

但是，玛丽觉得到巴黎去又使她觉得亏欠父亲太多的情，她不忍心让父亲一个人留在华沙过那种孤寂的、没有亲情的生活。但是到最后，玛丽经过内心的苦苦挣扎，经过她对人生的深深的思索和重新审度，在父亲的耐心劝说下她还是决定到巴黎去发展。

1891年9月底，玛丽带上她所有的衣物和积蓄，挥着泪水依依不舍地告别了年迈的父亲，终于乘上了西去的火车。

再一次踏上旅途，这次的心境与以往完全不同了。玛丽心想，这是一条踏往成功的道路，前面无论是坎坷还是辉煌，我都将勇敢地面对生活的挑战。

火车飞速地经过了德国，在轰隆轰隆的吼叫声中，正向着她心目中的科学殿堂奔去！

在巴黎，人们都觉得自己多么年轻，觉得自己多么有力量，多么繁忙，而且充满了希望！而在一个波兰小女子看来，巴黎给她的却是一种不可思议的解脱感！

由于这次的旅行异常艰辛，玛丽显得疲惫不堪。然而，刚刚在那浓烟弥漫的车站下了火车，那种惯有的奴隶压迫感忽然离开了她，她的肩膀舒展了，心脏和肺叶都觉得舒服极了，呼吸到自由国度的空气，这在玛丽平生还是头一次。

8年，漫长的8年啊！这是足以把任何有天分的人都永远埋没下去的8年！但玛丽却坚强地挺住了，这种毅力的坚持是何等的不易啊！

玛丽坚信，自己所受的苦也会给她带来补偿的。我们不久就会看到，一颗科学新星，将要冉冉升起在法兰西共和国的上空！

进入索尔本大学求学

火车经过了德国西部有名的莱茵河,就正式进入了法国的领土。车中乘客那悠然自在的神情,与有些忧郁的波兰人们大相径庭,玛丽被这种自由的气氛所感染,她几乎忘记了漫长旅途的寂寞。

在巴黎,来自世界各地寻求自由的人们忘记了不同的人种和国籍,每个人都讲着自己国家的语言,自由自在地生活着。玛丽一到巴黎就立即给父亲写了一封信。

爸爸:

我已经安全地到达巴黎了,这里很自由也很和平,就连人们的脸上也闪耀着在华沙的时候看不到的光芒,我羡慕那些生活在这里的人们。

姐姐非常健康,姐夫也是一个很了不起的人,今天他们带我去参观巴黎的名胜古迹,我第一次看到那么宏伟庞大的建筑,让我大开眼界。

索尔本大学给了我非常大的惊喜,一想到自己马上就要进入那里去学习,无论怎么辛苦都是值得的。

1891年11月3日，索尔本大学理学院正式开课了，玛丽成了理学院的一名学生。

玛丽总是提前来到教室，坐在第一排座位上，她希望能一字不落地听清楚那些穿着黑色礼服的教授们的每一句话。

刚刚在彩色照相方面做出卓越贡献的李普曼教授为他们讲授物理学实验。

非常有趣的是，李普曼教授以前在读书时的学习成绩并不好，他只注重学习他自己感兴趣的课程，结果没有通过取得教师资格的考试。但他在物理学方面的巨大才干，使他终于在1883年被任命为数学物理教授，1886年被任命为研究实验室主任。

李普曼教授的讲课不仅条理清晰，而且很有分量，他常常告诫学生说：

"人的生命是短暂的，而事业的进展则十分缓慢。"

玛丽听到这种颇带哲理的话时，渴望迅速进入科学殿堂的心情更加迫切了。

李普曼教授也注意到了一位外国来的女新生总是坐在第一排，目不斜视地盯着他的一举一动，认真听着他的一言一语。

李普曼教授也许会想到这是一个十分勤恳的女学生，但是他没有想到，这位不喜欢说话的女学生，后来竟比他早了3年获得了诺贝尔奖！

玛丽开始上课，不久就发现自己陷入了两方面的困境。

一是她原以为自己的法文很不错，但教授们讲课时稍快一点，她就跟不上了，听懂了这一句却没听清楚下一句，弄得她好不尴尬。

二是她原以为自己的中学学习成绩很不错，到法国听大学课程不会有什么困难，但她很快发现对自己原有的水准估计过高。更加之高中毕业已过去了8年，这期间虽然自学过一些课程，然而毕竟太凌乱，而且不够透彻。

以上两方面的困难，使得玛丽不得不加班加点地学习，以弥补现有的不足。她在尽力争取，以便快点赶上学校的教学进度。

每天课程一结束，她就夹着课本急匆匆地回到位于德意志路92号布罗妮娅的家，把自己关在小房间里埋头学习。

在大学里，玛丽整天都是听讲、记笔记、做实验。从学校一回到家里就早早地吃过饭，然后马上回到自己的房间去整理笔记，复习那些实验记录，然后就开始自修数学和物理。

玛丽是那么珍惜生命中的一分一秒，她甚至连多说一句话的时间都不肯去浪费。

巴黎举世闻名的景色和胜地，玛丽根本没有时间去光顾。她的幸福和乐趣，都在拼命学习之中。

玛丽的姐夫德卢斯基大夫在布罗妮娅回波兰去时，负责照料玛丽。他为玛丽那样玩命地学习感到担忧。他觉得实在有必要劝一劝她，便对她说："玛丽，你很有天赋，这点我承认；你也应该努力，以期不辜负这份天赋，这也可以理解。但从医学的角度来看，一天到晚在室内学习而不出外活动一下，对健康是很不利的。因此，我有义务帮助你改变这种过分的做法。"

但德卢斯基大夫的劝告，甚至强迫，都收效甚微。有一次，他买好了音乐会的票，告诉她是波兰歌唱家演唱的，玛丽才舍弃了晚上极其宝贵的学习时间，由姐夫陪同去欣赏了这次音乐晚会，而且玛丽也的确为这位优秀的波兰歌唱家演唱波兰歌曲而激动万分。

但听毕以后，玛丽又万分后悔，觉得这一晚上时间没用来学习功课，实在是太可惜了。虽然当时的确很激动，但事后她又认为现在应该把这份激情保存起来,先埋头学好科学知识,以后才有振兴波兰、为波兰效力的机会。因此,玛丽从此谢绝姐夫一切好意的邀请。

玛丽住在布罗妮娅家里,的确可以感受到家庭的温暖,这对初到巴黎的玛丽来说大有好处。半年过去后,玛丽对这里的环境逐渐熟悉和适应了,她开始觉得应该自己去找一间房子租下来,一个人独住。这其中原因完全是玛丽从有利于学习的角度出发而考虑的。

其一是,布罗妮娅的家离索尔本太远,乘公共马车得一个小时,来去在路上就花费了两个小时,这样既使身体疲劳,又无端地浪费许多钱;其二是布罗妮娅的家虽然很温馨,但也有难以忍受的时刻,对玛丽来说,所谓难以忍受是指妨碍她学习的事情。

玛丽的姐夫是一位精力旺盛、活泼好动、喜欢音乐、广结人缘的人,白天看完病人后,晚上就会有许多波兰侨民聚到他们家来,大声争论当前的国际形势,激动时高唱波兰歌曲,姐夫兴致一来就大弹一阵肖邦的乐曲。

而晚上正是玛丽最看重的学习时间,但争论声、歌声和琴声往往使她心烦、焦躁,无法安心学习。再者,半夜三更常有病人来叫门,结果常常扰得玛丽不能很好入睡。

到1892年初,玛丽在向布罗妮娅和姐夫作了许多解释之后,终于在离学校不远的拉丁区找到一间四楼顶端的小阁楼,她把自己的一点东西趁着假日搬了进去。

3月17日,她给哥哥约瑟夫写了一封信,解释自己搬家的原因,以免哥哥会产生误解。她写道:

你大概已经从父亲那儿获悉,我决定搬到离学校近一点的地方居住，为了几种原因我不得不迁移，尤其是这个学期不得不如此。这个计划现在已经实现了，我现在就是在福拉特路3号新居给你写信的。这间小屋子很合适，也很便宜。一刻钟我就可以到化学实验室，20分钟就可以到索尔本。当然，若是没有德卢斯基夫妇的帮助，我绝不能把一切安排得这样好。

我比以前住在德意志路的时候用功一千倍，在那里姐夫经常不断地打扰我，当我从学校回到家时，他简直不允许我做别的事，只让我坐着陪他闲谈。

为了这件事，我不得不和他宣战。

玛丽从此独自一人居住，开始了她传奇般的斯巴达式不近人情的艰苦生活。

自从玛丽自动放弃了姐姐家供给她的食宿，就不得不自己支付所有的费用。玛丽的进款，分成一小笔一小笔来支出她的积蓄，还有她父亲给她寄来的一点钱，是每月40卢布。

然而这样的困难生活，正是当时在巴黎留学的贫穷的波兰女学生所必须忍受的，玛丽没有空闲的时间去和朋友们聊天或者是研究穿着打扮，她每天只是在埋头苦读，在忘我地读书。

玛丽每月只能花销100法郎，其中15法郎租下这间顶层阁楼，剩下的钱每天还不到3法郎。如果她像其他同学一样精打细算，例如几个人合住一间屋，每天用几小时来自办饭食，她也许可以生活得舒适一点。

但这种小聪明却使玛丽百思不得其解：到索尔本是来求知的，不是来显示小聪明和让自己舒适的。

几个人住在一起会相互干扰，自办伙食会浪费掉许多可贵的时间，利用这些时间读几页书，或在实验室里多观察一下、多做一些科学实验的分析，那是多么好呀！

玛丽在给父亲的信中，写道：

爸爸：

自从我搬到这个小房间之后，我比以前更加倍的用功学习，姐姐和姐夫也很关心我的生活。在大学里上课，读得书越多越觉得自己的基础知识还不深厚，所以我除了更加倍地努力之外没有其他的想法。

索尔本大学的课程每一样都会带给我更多的惊奇与希望，姐姐经常来看我，现在我的生活里就剩下了用功学习，努力！用功！

为了节约时间，玛丽几乎每天只吃涂黄油的面包和定量的胡萝卜、樱桃之类的生菜果实，尽力不生火做饭。更何况她住在四楼顶层，没有火、水，也没有灯，如果要做饭，她得把煤和水从一楼经过6段长长的狭窄的楼梯，弄到顶层阁楼，那样太累，也太麻烦了。

为了尽量减少麻烦，她几乎绝不把时间浪费在琐碎的家务上。由于每天只能把食品控制在3法郎以下，她几乎很少有机会吃点肉食。

玛丽没有仆人，一天一小时打扫屋子的女工费用，已远远超过她的支出预算。交通费用是取消了，不管天气好坏玛丽都步行到索尔本去。煤炭用量极少，她一冬只用一两袋煤球，她由街角的商人那里买来，自己一桶一桶地搬着走上那很陡的楼梯到4层楼。

为了节省开支，在玛丽的预算内把乘车费给除去了，无论任何下雨下雪刮风的日子，玛丽都得步行去索尔本大学。

玛丽灯也用得极少，天一黑她就跑到图书馆去，那里有煤气灯，而且比较暖和。玛丽坐在一张长方形大桌子前面，手抱着头，一直用功至晚上22时图书馆关门的时候才走。

图书馆关门之后，玛丽就回到自己的房间里，用硬面包和冷水充饥，然后再在昏暗的灯光下继续看书至深夜，这些已经成为玛丽的日常生活习惯。

玛丽一个人独自在房间里的时候，她是不生炉火的，除非家里有客人探访。

高强度的学习、极贫乏的食物，使玛丽刚到巴黎时那胖胖的脸明显地瘦下去，浅灰色的眼珠也逐渐失去了神采。她把自己的生命力用到了极限。玛丽自己并不在意这种极端困苦的生活。她十分清楚要想让能利用的钱坚持到取得学位的那一天，这些困苦是不能不忍受的。

但玛丽还是过高地估计了自己生命的承受能力。

有一天，当她疲倦地回到顶层阁楼时，由于饥饿，她好不容易挣扎到床边时，竟晕倒在地上。幸亏那天晚上有位大学的同学来找她，不然谁也不会知道她晕倒到何时。

布罗妮娅夫妇得知这一消息后，立即赶到玛丽的阁楼上。德卢斯基大夫诊断后，对布罗妮娅说：

"虚脱了，完全虚脱了！"

布罗妮娅在玛丽苏醒过来后，哽咽地问：

"你怎么啦？玛丽，如果你有个三长两短，我怎么向父亲交代啊？都怪我，没有好好关照你。"

德卢斯基大夫对布罗妮娅说：

"当务之急是把她带到我们家中去，她这是饿的！我检查了一下，她这儿什么吃的都没有。而如果你要问她，她难保会说吃了，可实际上她这儿根本没吃的！真是不可思议！"

玛丽在姐姐家中，也没有经过什么特殊治疗，只是他们监督她必须吃一些富有营养的食物，再强迫让她休息。过了不久，玛丽就恢复了健康。

布罗妮娅坚决不让玛丽再回到那可怕的小阁楼上去了，但玛丽却着实留恋那只有一个天窗的小小天地，在那儿她可以心无二致地读书、思考，抬头仰望天窗外那一片夜空：有几只调皮的星星，总在那儿偷偷地窥视她的秘密，还愉快地向她眨眼。玛丽每次抬头看到它们时，心情就会感到无限温暖和轻松。

布罗妮娅最终拗不过倔强的妹妹，只好答应她，并多次叮嘱妹妹一定要注意身体。德卢斯基大夫还郑重地对玛丽说：

"取得学士学位当然重要，但你不能太性急。你那非凡的头脑会让你通过的，用不着玩命。"

玛丽也郑重地答应以后一定要吃有营养的食品，要注意休息，但事实是，她和布罗妮娅都缺乏保证做到这一点的经济实力。

不过，布罗妮娅此后还是尽可能多地去看望玛丽，并尽力帮助她改善饮食条件。

郊外散步对安抚玛丽焦躁的心灵很有好处。绿荫覆盖的森林，起伏的山峦，湛蓝的天空，一切都显得那么温柔静谧，轻灵而圣洁。

每当玛丽投入翠绿幽雅的大自然的怀抱时，她总会自然而然地感到自己开始神采飞扬、飘逸柔和，似乎一切归于空寂。此时天、地、人完全融为一片混沌。这时的她常常会深深感动地匍匐在草地上，让天籁在自己的心中回响。

玛丽一心向学，她快速的进步让自己都为之心醉，她觉得自己完全有能力学习人类已经发现的一切东西。她一起上数学、物理、化学几门课程，并且渐渐熟悉了做科学实验的技术。

不久之后，李普曼教授就交给她一些研究工作去做，这些研究虽说不是十分重要，却给了玛丽机会，让她表现她思想的敏捷和独创性，这让玛丽感到非常快乐。

索尔本的物理实验室是一间高而且很宽的房子，房间里很奇怪地设有两个小螺旋梯通到里面的一个走廊，玛丽就在这里运用她的能力试着做各种实验。

玛丽很热爱这种专注、宁静的气氛，喜欢这种实验室的"气候"。直到生命的最后一天，她都热爱这种环境甚于其他任何环境。

玛丽永远站着，站在一张放着精密仪器的橡木桌子前面，或站在通风罩前，忙着照料试管中被火焰烧得沸腾的熔解了的材料，她罩着一件肥大的粗布工作服，和她旁边沉思着的年轻人没有区别，他们都低头注意另外的试管或仪器。

玛丽决定考两个学位：一个物理学学位，一个数学学位。她以前订的那些要求很低的计划扩大并且充实起来了，其速度快得她都没时间，也没有胆量向斯克沃多夫斯基先生透露。

1893年3月5日，斯克沃多夫斯基先生写给布罗妮娅的信上说：

你上回的信第一次谈到玛丽要考学士学位，她的来信可是从来没有对我说过，虽然我问过她。你再写一封信清清楚楚地告诉我，这些考试将在什么时候举行？玛丽希望能在哪一天考完？需要多少费用？文凭需要多少钱？我必须预先考虑一下，以便给玛丽寄点钱去，我自己的计划也要依此决定，我打算把我住的房子再留一年，留给我和玛丽，假如她回来，这所房子很合适……

玛丽可以慢慢找到一些学生，而无论如何，我所有的都愿意与她共享。我们可以不费事地把事情安排好。

1893年4月16日玛丽写给斯克沃多夫斯基先生的信上说：

上星期日我到巴黎附近的兰西去了，这是一个好看而且可爱的郊区，丁香花和所有的果树都在盛开，连苹果树也开了花，空气里充满了花香。在巴黎，4月初树就绿了，现在都发了叶，栗树已是满树繁花；天气热得像夏天，到处是一片绿色。我的屋子里已经开始燥热，幸好7月预备考试的时候，我就不住在这里了，因为这间屋子只租至7月8日。

考试即将临近，但是我越来越觉得还没有预备好；万一实在准备得不够，我就等到11月再考，可是那样我的夏天就要过完了，我不大愿意。究竟如何，等着看罢！

玛丽的打算是考试如果顺利通过，就赶快回华沙。

她是多么想念分别已经快两年的父亲啊！如果7月份不能参加考试，恐怕暑假就没那份心情回家了。

玛丽实在是多虑了。7月份考完以后，她以全班第一名的成绩，被授予了物理学学士学位。她太高兴了，这么好的成绩真令人高兴，更令人高兴的是，她马上可以准备回波兰了。

在2000公里之外，在铁轨的另一端，有斯克沃多夫斯基先生、约瑟夫和海拉，有一个家，有饿了可以任意吃饱的食物，还有一个女裁缝，只要花几个格罗齐就可以剪裁并且缝制衬衣和厚毛料衣服；这些衣服是玛丽11月回索尔本的时候要带去穿的！

现在假期已经开始了，玛丽回波兰的时候到了，她的内心又变得无比兴奋起来。

她退掉了自己租住的顶楼。

在永远离开它之前，她要把这里完全打扫干净；向她不会再见到的守门妇告别；买了一些预备在路上吃的食物；然后，计算一下她还剩多少钱，走进一家大商店，去买一点小摆设和围巾，这是她一年来从没有做过的事，出国的人带钱回家是可耻的。

出国在外的人习惯于最高的仪节，都要用完所有的钱，给家里的人购买礼物，然后一文都不带地在火车站上车。

不怕困难积极进取

"玛丽回来啦!"家里人惊喜地叫道。

斯克沃多夫斯基先生心疼地看着脸色苍白和明显消瘦的小女儿,不禁怜爱地说:

"玛丽,我的女儿,你瘦了,瘦多了,你一定吃了不少苦头。"

玛丽紧紧地拥抱着父亲,舍不得松手。两年的思念,全倾泻在无言的拥抱之中。

在家中住了半个月左右,斯克沃多夫斯基问玛丽下一步的打算是什么。玛丽本来还想再花一年多时间取得一个数学学士学位,为自己今后的科学研究工作打下一个良好的基础,但是她怎么能够再向父亲说这种不近情理的话呢?父亲为了支持她读书,连一些老人应该享受的愉悦都放弃了,现在,她自己的存款已经全部用完,怎么能够再继续学习呢?她对父亲说:"我不能再回巴黎了,数学学士学位考试只能放弃。"

斯克沃多夫斯基先生当然希望玛丽留在身边,而且他也不忍心让她再回到巴黎去受那炼狱之苦。但他明白玛丽的心思,知道她的追求，可他还能再帮助她吗？他老了，没有这份力量。玛丽尽力安慰父亲，说她实在舍不得再离开父亲、华沙和波兰。

正当玛丽准备放弃再去巴黎的希望时，奇迹出现了：她得到了一笔总数有600卢布的奖学金！这是她的好朋友迪金斯卡小姐为她争取到的一笔很不容易得到的"亚历山大奖学金"。这个奖学金是专门奖给在国外学习成绩优秀的学生的，让他们能在国外继续深造。

当玛丽得知她获得了这一意想不到的奖学金时，她真是高兴极了。她又可以在巴黎度过15个月，直至拿到数学学士学位为止了。

迪金斯卡小姐在索尔本时，常常保护玛丽，使她免受那些自作多情的男大学生们的殷勤之苦，现在她又向所有有关方面力推玛丽如何必须得到这笔奖学金："如果这笔奖学金不给玛丽，那波兰就没有人有资格享受它了！玛丽如果因得不到这笔奖学金而辍学，那将是波兰的损失！"

发放这笔奖学金的部门被迪金斯卡小姐说服了，同意给予玛丽奖学金。

玛丽满心欢悦地重返索尔本。1893年9月15日，玛丽从巴黎写信给哥哥约瑟夫：

> 我已经在一条干净、秩序良好的街上，租妥了我的住屋，租金是180法郎一年，比起我以前的租房，这儿简直是一座宫殿。

接着，玛丽又向约瑟夫诉说了自己的心情：

> 还用得着告诉你说我很喜欢回到巴黎吗？又离开父亲确实使我感到难过，不过我能看出他老人家很健康，可以暂时不需要我，尤其是因为你住在华沙。而我的一生都决定于在这里的学习。因此我觉得还可以再留在这里，无须感到内疚。

她还为她得到数学学士学位后回波兰做好了必要的准备，她在信的末尾写道：

> 我不久要给勃古斯基表兄写信，请他把他实验室的情况告诉我。这将关系到我未来的工作。

哥哥约瑟夫不同意玛丽急于回波兰的打算，他劝她在法国拿到博士学位再说。他希望她能得到博士学位。

重返巴黎后更让玛丽高兴的是，当她再次出现在索尔本物理实验室时，李普曼教授高兴地对玛丽说："你回来得正好，这个实验室很需要你在这儿工作。你还是可以像以前那样干下去！"对于教授的鼓励，玛丽当然感到由衷的高兴，原先的焦虑和苦恼，在这儿荡然无存。

李普曼教授知道玛丽在经费上有困难，于是让玛丽参加一项有经费的课题研究，以补充她学习费用的不足。当时钢铁和机械工业正如日中天，发展得非常迅速，汽车工业、电力工业、铁路运输工业等都在加速发展，这一切都加重了对钢铁的需求量和高质量的品位要求。但钢铁的磁化，却严重阻碍了机械工业的发展。于是，法国工业促进协会请求李普曼教授研究一个重要课题：各种钢铁的磁性性质。

玛丽很高兴自己有机会参加由李普曼教授领导的科学研究,这是提高自己科学研究水平的最好途径。但有一个困难,没有适合的实验室供她使用,李普曼虽然有实验室,但却没有合适的地方让玛丽做实验。

玛丽又一次面临危机。

遇到志同道合的伴侣

玛丽已经把恋爱和结婚在她的生活计划中彻底抹掉了。

这种做法其实并不奇怪,一个贫寒的青年女子因为初恋而遭到了失望和屈辱,她便发誓永远不再恋爱了。

玛丽已经决定就这样独自住在巴黎,每天只在索尔本和实验室遇见青年男子。

她的梦想始终萦绕在心头,贫苦折磨着她,大量的工作使她过度劳累;另外,她对爱情、婚姻和家庭生活表现出渴望与恐惧的矛盾心态,因为她不认可除真爱以外的任何方式或交易获得男人的青睐。

这些美好的理论和痛心的回忆,使她意志更加坚强了,她坚决要保持独立。

一个天才的波兰女子就这样独自过着枯燥的生活,与人世隔绝,把自己的全部留给了工作,这并不惊讶;但是,一个法国人,一个有天才的学者,竟会为这个波兰女子留下了自己,不知不觉地在等待着她,守候着他,那就实在令人惊异了,而那个人就是皮埃尔·居里。

正当玛丽为实验室发愁的时候，有一位瑞士福利堡大学的物理教授科瓦尔斯基来巴黎做学术访问。

科瓦尔斯基教授是一位波兰人，他从小就认识玛丽，所以很关心玛丽的学习近况。当玛丽把她的困难告诉教授后，教授很为玛丽着急，他是多么希望优秀的玛丽能尽快改变现状啊。经过考虑，他给玛丽想了一个切实可行的好办法。

"我想起来了，我认识一位在理化学校工作的年轻教授，他是一位很出色的物理学家，而且乐于助人，很富有同情心。他一定可以帮助你，他的名字是皮埃尔·居里。"

"皮埃尔·居里？"

当玛丽第一次听到这个名字，她就很认真地询问了一下此人的情况。

"这样吧，明天晚饭后你到我家来喝茶，我把皮埃尔·居里也叫来，你们当面谈一下，好吗？"

玛丽当然同意这个建议。

皮埃尔对磁学的研究，已取得了许多突破性进展，他是个卓有成效的学者。

此时，35岁的皮埃尔仍然是单身一人，没有结婚。他之所以成了大龄青年，实在是由于他过度沉迷于科学研究，害怕因为结交女朋友耽误了做研究的大事。他是那种视事业为生命的学者。

当然，皮埃尔不愿意结交女友，也肯定与他对女性的看法有关。事实上，在遇见玛丽以前，他曾在日记上写道：

"天才的妇女是稀有的，一般说来，对于一个严肃的科学家来说，妇女是一个绝对的障碍。"

但是，在4月一个春意浓浓的夜晚，他意外地遇见了玛丽小姐，于是，奇迹在皮埃尔面前出现了：一个他以前从未料想过的神奇世界在他面前敞开了。

在科瓦尔斯基教授家里，玛丽和皮埃尔见面了。

在皮埃尔眼里出现的是一位严肃认真的年轻姑娘，她不仅体态优美，连那柔软的鬈发、灰色的眼睛、宽大的前额也显得十分可爱。甚至连她那双散发着化学药品气味的手，都对皮埃尔具有无比的吸引力。

如果说两人见面后，玛丽对皮埃尔有好感，那么皮埃尔这位从来拒姑娘于门外的男子，却一开始就被玛丽深深地吸引住了，当然其中也夹着相当大的好奇心：这位姑娘在巴黎苦读是为了什么呢？

他们两人很愉快地谈论起彼此都感兴趣的科学研究问题。

两位志趣相同的人在一起，永远都有说不尽的话题。人生得遇知己，该是一件多么值得庆幸的事啊！

也许是由于玛丽那种不懂就问的态度，和她那谦虚求知的情趣，使皮埃尔感到轻松、愉悦，并产生了一种尊敬，这位很少在姑娘面前说话的人，竟侃侃而谈。

尤其是当他发现他用一些专用学术语言或数学公式谈自己的工作时，玛丽显得越来越兴奋，这时皮埃尔感到这个姑娘真非同一般。

皮埃尔还惊讶地发现，她甚至能够敏锐地发现一些细节上的问题，并与他讨论。

当皮埃尔在不知不觉中流露出这种惊讶时，玛丽揶揄地说：

"先生，我不明白，妇女能力有限，这种奇怪的见解您是从哪儿学到的？"

皮埃尔一边讲一边觉得一切变得多么古怪：他，一位专心致志的学者，竟在一位年轻姑娘面前大谈深奥的物理学问题！而且还郑重其事的！他也觉得有些荒谬，但他仍然高兴地说下去。

当玛丽端起杯子喝茶时，皮埃尔看见她的手指变了形，他明白这是实验室的强酸灼伤的结果，他被深深地感动了。

6月一个晴朗的下午，玛丽手里捧着一束鲜花，来到巴黎去探望皮埃尔的父母。

玛丽看到皮埃尔父母的时候不禁热泪盈眶，她不禁想起了自己的父母，她在心里想着：他们和我的父母是多么的相像啊。

玛丽本来希望能回国的，但是如果要和皮埃尔结婚的话就不得不离开华沙而到学者荟萃的巴黎去，但是父亲怎么办？玛丽想到这些就在心里动摇了和皮埃尔结婚的念头。

斯克沃多夫斯基先生实际上早就听说了皮埃尔的家庭背景，他的态度是相当的开朗。他对玛丽说：

"在生活里，不免有感觉到寂寞的时候，但是，我不能阻止你的幸福。我很明白皮埃尔在物理学方面的成就，我怎么会反对你跟这样一个有前途的人去结婚呢！"

玛丽听到父亲说这番话的时候，感动得流下了眼泪。

1895年7月26日，玛丽经过一年多的迟疑和考虑，终于和皮埃尔结了婚。

婚礼简单得不能再简单了：没有白礼服，没有金戒指，没有喜筵，没有宗教仪式，也没有公证人，因为这对夫妇除了前一天用一个表亲寄来的礼金买的两辆崭新的自行车外，几乎一无所有。

皮埃尔每天到物理学校，玛丽也到学校的实验室去做研究的工作，只到傍晚的时候，他们两个人才回家。

皮埃尔和玛丽的家里也非常简陋，只有一个书柜和两把普普通通的椅子，有时候客人来了也没有椅子坐，他们也没有办法闲聊，皮埃尔的父亲在来到他们的小房间的时候说：

"我想替你们买几样家具作为新婚纪念。"当他听到玛丽诉说她和皮埃尔的生活的时候感叹地说：

"也许爱惜时光的学者们的生活就应该如此吧。"

皮埃尔每个月的薪水并不多，但是一向过惯了节俭生活的玛丽却一点也不认为辛苦。

普通的家庭主妇几乎一天都离不开家务，可是玛丽就与一般的主妇有所不同。

作为一个主妇，玛丽还有许多的杂事，例如：除了做饭、洗衣服、打扫以外，作为一名物理学者，她也得花更多的时间去继续她的研究工作，除此之外，她还要减少睡眠时间去准备应付各项考试。

玛丽没有多余的时间上街买东西，早晨的时候，皮埃尔还没有睡醒，玛丽就到市场去买菜，傍晚的时候，两个人还要在路途中买点东西，因为这样就可以节省时间。

玛丽作为一名家庭主妇，仅仅有一个缺点，那就是她没有机会去学习做菜，玛丽学生时代的时候，为了节省时间都是用面包来充饥，可是做了一个家庭主妇就不行了，法国人对饮食是讲究的。

无论家务事有多么麻烦，玛丽还是每天不间断地从中抽出8个小时的时间专门做科学研究，皮埃尔和玛丽两个人共用一盏台灯，直至深夜也没有熄灭。

1896年8月，居里夫人通过了大学毕业生担任教师的资格考试，而且她还取得了第一名的好成绩。

皮埃尔很为玛丽骄傲，作为奖赏，他带她游历了整个法国。

随后，居里夫人在舒琴柏克的支持下，在物理学校谋得了一个职位，与皮埃尔·居里一起在实验室里工作。

1897年，居里夫人怀着身孕完成了论文《淬火钢的磁特性》，这显然是李普曼教授原先那个课题的研究方向。

这项研究告一段落后，她面临的任务：第一，她要做妈妈了，9月12日，她的大女儿伊伦娜·居里出生了；第二，她需要寻找一个合适的博士论文研究课题。

一般的母亲在有了孩子之后，都要在家庭生活和科学事业中间作出选择，但是玛丽却从来没有想过要放弃其中任何一个，她决心要把家庭和科学一起做好，她相信自己一定会成功。

玛丽为女儿请了一位乳母，自己则不再给孩子喂奶，因为自从怀孕以来，玛丽的健康就远远不如从前。医生给玛丽诊断说她的左肺有结核病变，他们怀疑这是遗传，因为玛丽的母亲就是患肺结核去世的。

皮埃尔和医生都劝玛丽到疗养院去休养几个月，但是，固执的玛丽总是漫不经心地听着他们说的话，并且坚决地拒绝，因为玛丽要操心的事实在是太多了，她还有实验要做，有丈夫、有女儿需要她来照顾。

早晨和晚间，玛丽仍然替女儿换衣服和洗澡，白天，乳母就带着伊伦娜去附近的公园里散步，这个时候玛丽就在实验室里面忙碌着。有的时候，伊伦娜患感冒，居里夫人就会放下手中的研究工作，无日无夜地照顾着女儿。

伊伦娜出生没多久，她的祖母就去世了，从此，皮埃尔的父亲，老居里先生就搬来和皮埃尔夫妇一起住，家里的人口渐渐地多了起来，小家庭也显得热闹起来。

对于学问很有研究的皮埃尔和老居里先生都对玛丽有着极大的信心，都对玛丽表现出了赞同和鼓励。

有人说：方向选择对了，就成功了一半。这话颇有道理。好在这时正是19世纪和20世纪之交，正处于激动人心的科学时代，有才干的人找研究方向并不太让人为难。

共同攻克科研难题

19世纪末，正当物理学家们为经典物理学的辉煌胜利举杯祝贺时，正当一部分科学家宣称物理学的大厦已经最初建成之时，从1895年玛丽和皮埃尔·居里结婚的那一年起，一系列从未预料到的伟大发现突然相继涌现。

德国物理学家伦琴发现X射线；法国物理学家贝克勒尔发现铀元素的天然放射性；英国物理学家汤姆逊又发现了电子。这一系列发现，在物理学家、化学家面前展示出了一个光怪陆离、变幻莫测的神奇世界。

居里夫人正面临的一个任务，就是选择博士论文研究的课题，于是她在大量文献中寻找她感兴趣的研究课题。在阅读了近几年的科学期刊后，居里夫人注意到了贝克勒尔教授的关于铀射线的论文。

这种铀射线颇有点神秘色彩，而且有一个问题让她不明白：铀射线的能量是从哪儿来的？这个问题也是一直以来困扰贝克勒尔和许多科学家的一个问题。

居里夫人觉得这个问题很值得研究。她曾说过：这项研究很有吸引力，它是全新的，还没有人做过深入的研究。在与皮埃尔商量了以后，她决定以这个问题作为自己博士论文的研究课题。

"从明天开始，我要到巴黎所有的图书馆去查一查，我们手头的资料太有限了。"玛丽和皮埃尔商量。

"是啊，是该去查一查。"

对研究方面非常有经验的皮埃尔总是像玛丽的老师一样，给她提出很多很重要的忠告。于是，玛丽一刻不停地奔波着，跑遍了所有的图书馆，查阅了所有最新的研究报告。

居里夫人的决定聪明而又大胆。

首先，这个能量来源的问题十分棘手，用已有的科学概念几乎无法对它作出解释，可玛丽偏偏选中这种难度大、内容新颖的研究课题，非大智大勇者不敢为也！

其次，当时世界上还没有任何一个女人想要成为理科博士，她明白，要想同男人建立平起平坐的关系，她的论文必须有独特的内容和实质性的科研成果。

再次，居里夫人也许是怀着又惊又喜的心情发现，贝克勒尔的重要发现尚未被人们重视，几乎还没有人做进一步的研究，因此选这个题目做研究，取得成功的机会会比较大。

但与此相随的困难是参考文献太少，几乎一切都得自己从头干起。玛丽还发现除了贝克勒尔1896年提交的几篇学术报告以外，再也找不到其他参考资料了。

1897年底，居里夫人在皮埃尔的帮助下，在理化学校找到了一间以前用来存放东西的小房间作为她的实验室。

刚启用时，房里到处是厚厚的灰尘，霉气的味道足可以让人闻了就立即作呕。

小房间里什么都没有,而且是临时加盖的,没有地板,玻璃板的屋顶遇到下雨天的时候就会漏雨。房间里冬冷夏热,只有一具坏了的火炉,4张长短不齐的桌子和一个非常破旧的黑板。

居里夫人对这些困难都不在乎,她为有了可以做实验室的地方而满心喜悦:"好了,我开始有了自己的第一个实验室!"

是的,这儿的确是居里夫人的"第一个实验室"。以后她又换过许多次实验室,但这儿却是起点站,而且她要研究的是如此重要的课题,因此,她兴奋而满意的心情是完全可以理解的。

当居里夫人精确地、定量地测定了铀射线以后,她作为一位优秀科学家的素质在这时充分地显露出来了。她越是研究得深入,越是感到铀射线具有一种非同寻常的性质,与以前所有的研究结果大不相同。

于是,居里夫人正好在贝克勒尔止步的地方勇敢地向前迈出了一步,即虽然现在只观察到铀可以自动发射"铀射线",但是并没有任何理由可以证明只有铀元素是唯一能发出这种射线的化学元素。

别的元素就不能发射这种射线吗?贝克勒尔也许是由于一种偶然的原因先在铀元素里发现了它,但若因此就把它设定为只有铀元素才具有的发射本领,那未免有些以偏概全了。

于是,居里夫人决定检查当时知道的所有元素。她先找来几种矿石和化学物品做了试验。初步结果表明,放射性是一种原子特性的表现,她据此推断有新元素的存在。

玛丽的直觉告诉她自己这种未知的物质一定存在,她也已经宣布了它的存在;但是她还需打开它的秘密。现在她必须以实验证实假定,把这种物质分离出来才能够公布:"它在这里,我已经看见它了。"

她知道要从矿石中提炼出这种极其微量的元素绝非轻而易举的事，但她下定决心要投入到这一艰难而又意义重大的化学分析中去。

发现一种新元素，这是一个色彩斑斓的和美丽的梦想，是一个非常吸引人的研究目标！从古至今几千年，也不过才发现 80 种左右的元素，每种新元素都使发现它的幸运者在科学史上永久驰名，如果她能再增添一种，那该是一件多么有价值的、多么吸引人的研究啊！

皮埃尔热切地关注他妻子实验的迅速进展，他虽然没有直接加入工作，可是时常以他的意见和劝告帮助玛丽。鉴于玛丽的研究有重大价值，于是决定暂时中断他自己在晶体方面的研究，与她合作共同寻找这隐藏得很深、很巧妙的未知元素。

一种新物质！这是一个引诱人的假定。不过，它仍只是一个假定而已。直到此刻，这种放射性很强的物质只在玛丽和皮埃尔的想象中存在，但是它很稳定地存在着！

有一天玛丽极力克制着内心的激动对布罗妮娅说："你知道，我不能解释的那种辐射，是由一种未知的化学元素产生的……这种元素一定存在，只要去找出来就行了！我们确信它存在！我们对一些物理学家谈到过，他们都以为是试验的错误，并且劝我们谨慎。但是我深信我没有弄错！"

这是一个独特生活中的独特时期。外行人对于研究者和他的发现总有一种完全错误的浪漫观念。

实际上"发现的瞬间"并不是永远存在的。学者的各种工作都是极为细致的，成功的把握不会在他的艰苦进程中像闪电那样突然闪现，以它的光芒使人眼花缭乱。

玛丽站在仪器前面的时候，也许没有突然感到获得胜利之后的陶醉，这种陶醉的心情却化成了好几天的坚决工作，为一种极大的希望而兴奋。但是在她费脑力进行严密推理，证实了自己是在追踪一种未知的物质之后，她把这个秘密告诉她的姐姐——她的同盟，那时候她一定是高兴极了。

这两个姐妹并没有说什么表示亲爱的话；然而一定是在一种充满了回忆的狂喜中重温了等待的几年，重温了她们相互的牺牲，重温了她们学生时代度过的充满了梦想和信心的生活。

4年以前，玛丽写过下面几句话：

我们任何一个人的生活都不容易，但是那有什么关系？我们应该有恒心，尤其要有自信！我们必须相信，我们既然有做某种事情的天赋，那么无论如何都必须把这种事情做成。

这种"事情"，乃是把科学送到一条没有人料到的路上去。

艰苦实验发现新元素

1898 年 7 月,居里夫妇开始联名发表文章。他们第一篇文章的题目是《沥青铀矿中的一种新的放射性物质》。

为了将不同的元素分开,需要很好的设备,但居里夫妇没有,他们只好用土法苦干,先用他们的静电计设备测定沥青铀矿矿石成分具有的放射性强度,以此为线索追踪放射性元素隐藏在什么成分中。他们两人在实验室常常是通宵达旦地干,有时连饭也顾不上吃。居里夫人更加辛苦,她还要给女儿伊伦娜喂奶,一天得往家里跑几次。

几个月过去了,在不知不觉中,实验室窗子射进的阳光开始灼热逼人,原来是夏天来临了。他们没有白费时光,在这几乎和外界断绝来往的几个月里,居里夫妇终于将沥青铀矿中所有成分都分离开了。让他们又惊又喜的是,他们发现的不是一种具有放射性很强的化合物,而是两种!其中一种是沥青铀矿中含钡的化合物,另一种是含铋的化合物。这就是说,如果居里夫妇他们的推断合理的话,则一种新元素隐藏在含钡的化合物里,另一种隐藏在含铋的化合物里。

居里夫妇又进一步确证，在含铋的化合物中，铋的放射性并非来自铋本身，而是混在铋内的一种极其微量的元素。经过反复实验，他们认为可以利用两种金属溶解度不相同的特点进行再分离。加水使铋盐溶解后，从首先沉淀下来的渣滓中找到了放射性特别强的物质。

新的发现正向居里夫妇热情地招手！他们怀着激动而急迫的心情，加快了工作的进程。到1898年7月的一天，他们终于在铋的化合物里找到了一种新元素。

那天晚上居里夫妇回到家时，皮埃尔发现妻子陷入了沉思之中，久久地不说一句话，皮埃尔没有打扰她，知道她一定是在想什么重大的事情。

突然，居里夫人激动地抓住皮埃尔的手说："我侨居在远离祖国的土地上，可怜的祖国已经从地图上消失了，但是我要让祖国的名字永远铭刻在人们的记忆中。我想把我们刚刚发现的、在某种意义上来说是被解放了的元素叫作钋。"

这一决定充分说明，居里夫人现在虽然已经是一个法国人了，而且正在崭露头角，有望成为一名优秀的物理学家，但她并没有背弃她青年时期的志向和热情，没有忘记波兰人仍然在俄罗斯的奴役下痛苦地生活着。她不仅建议把新元素取名为钋，而且还把他们合作的第一篇论文在法国还没有发表之前，就寄一份给波兰的表兄勃古斯基。

当初，居里夫人正是在勃古斯基领导下的实验室里迷恋上自然科学和实验的。她的这一行动，想必一定会使斗争中的波兰人民大受鼓舞，使他们在苦难中看到了光明的未来。

沥青铀矿是一种成分复杂的矿石，它以铀为主，另外则含有多种其他元素的杂质,包括银、铜、铋、钡、锶和钴等金属的化合物,这些杂质中究竟哪一种成分含有放射性呢?这只能靠化学方法分离后,再用静电计比较其游离电流的大小才能鉴别。

这样,居里夫妇一边用物理仪器测试,一边进行化学分析,结果发现含铋的成分显示出强烈的放射性,其强度比同样质量的铀强400倍!

1898年7月18日,居里夫妇把这一发现提交法兰西科学院,由李普曼宣读。但是,科学院不予承认,这主要是人们的保守思想在作怪。

居里夫妇认为,用放射性方法检测、寻找新的元素是一种很有希望、很有效的化学分析方法,他们认为这种方法比光谱学分析方法更灵敏。

但是,由于人们对放射性所知不多,因而不大相信可以用放射性方法来寻找、确定新的元素,仍然认为只有用元素的特征光谱才是确定新元素唯一可行的方法。

科学院也拒绝把放射性方法作为识别元素的依据。除此之外,科学院还认为从化学角度来看,钋的化学特性和铋的十分相近,未必是一种新的元素。

直到几年以后,居里夫妇成功地提炼出纯净的钋盐,并得到了钋的特征光谱后,科学界才承认了钋的存在。

找到了钋元素以后,居里夫妇决定休假一次,作为对艰苦工作的报偿。他们乘火车去了法国南部奥弗涅,到大山和森林中呼吸新鲜空气。

在实验室里呼吸了几个月各种化学药品放出的毒气后,呼吸到沁人心脾的空气,真是一种高级享受。他们整天漫步在田野、森林、山丘之中,尽情地在大自然的怀抱中体验生命和大自然的美丽,让他们内心的和谐与大自然的神奇产生共鸣。当然，在流连于野外时，他们并没有忘记讨论新元素钋和另一种亟待他们去发现的新的放射性元素。

9月份，居里夫妇又回到那间小小的实验室，以新的热情急不可待地投入到继续寻找新元素的工作中。但这时发生了一件让居里夫人感到伤心难过的事情。

她的姐姐布罗妮娅和德卢斯基大夫决定回波兰去，在波兰南部喀尔巴阡山麓的一个地方开办一所肺结核病疗养院。

他们和玛丽一样，时刻不能忘怀自己的祖国，因此决定回去为改善波兰人民的生活贡献自己的一份力量。玛丽虽然感到难分难舍，但心中仍然为布罗妮娅他们的选择而感到骄傲。

1898年12月2日，玛丽在给布罗妮娅的信中写道：

你想象不到你给我留下的空虚之感。你们两个人一走，除了我的丈夫和小孩以外，我对于巴黎一无留恋；而且除了我们的住房和我们工作的学校之外，现在我似乎觉得巴黎已经不存在了。

这时，居里夫妇正在为寻找另一种放射性新元素而殚精竭虑，除此之外，居里夫人还得非常用心地照料女儿。他们很穷，收入不高，得精打细算才能让一家3口人正常地生活下去。她在一本食谱上写道：

我用8磅果子和等量的冰糖，煮沸10分钟，然后用细筛滤过，这样可以得到很好的果冻，不透明，可是凝结得很好。

也正是在这期间，居里夫妇寻找第二个新的放射性元素又获得了成功。

1898年12月6日法国的《论文汇编》上发表了他们的第二篇文章《论沥青铀矿中含有一种放射性很强的新物质》。在论文中他们写道：

> 在研究过程中，我们又发现了第二种放射性非常强的物质，其化学性质与第一种，即钋完全不同。例如，钋在氨的作用下完全沉淀，而新发现的物质和钡的化学性质很相似，它不会在氨的作用下沉淀。用硫化氢、硫化铵或氨都无法使之沉淀。
>
> 而且像钡一样，其氯化物溶于水，却不溶于浓盐酸和酒精。由它可得到钡的光谱，那是很好认的。但我们相信，这种物质尽管绝大部分由钡组成，但必定有一种产生放射性的新元素，其化学性质极其接近于钡。
>
> 我们取得了这种物质的氯化合物，它们的放射性要比类似的铀化合物强900倍。
>
> 德马尔赛对我们的新物质进行了光谱分析，发现了一条光谱线，这条光谱线不属于任何已知的元素。这条线的强度随着含这种物质较多的氯化合物放射性的增加而增加。
>
> 种种理由使我们相信，新的放射性物质中有一种新的元素，我们建议将它命名为镭。

他们在文章中还给出明确的实验对照：钋和镭的放射性比铀和钍大得多。底版在钋和镭的作用下30秒即可得到极清晰的影像，而如果用铀和钍就要几小时才能得到同样的结果。

镭的发现为科学家提供了比铀强几万倍的射线源，所以使放射线的研究突然变得十分活跃起来，有关放射线的论文数量大大增加。但是，人们对于居里夫妇的发现仍有很多非常谨慎的看法。这是很正常的事情，人们也有权利提出问题，而且正是因为人们提出了许多怀疑的问题，才使得放射性钋、镭元素的进一步研究取得迅速进展。

对于新元素的发现，化学家更是素来十分谨慎的。按照一般的习惯，一种新元素只有在看见了它、接触了它、称量了它，用各种酸加以对比，把它放进了瓶子里，并确定了它的原子量后，化学家们才会相信它的存在。

而现在没有一个人见过纯净的镭和钋，也不知道它们的原子量，因此持怀疑态度的化学家不少。还有一些比较保守的化学家更明白地宣称："没有原子量，就没有镭和钋。把它们的原子量测出来了，放在瓶子里让我们看见它们的纯品，我们就相信，否则无法相信！"

为了平息各方面的怀疑乃至反对意见，对于居里夫妇来说，1899年的任务就是设法提炼出纯净的钋和镭，并精确测出它们的原子量。

不懈努力求出分子量

从人群中随便找到一个人，让他阅读关于镭的发现的科学报告，瞬时间他就会相信镭是存在的；因为一般人的批评力并不敏锐，同时一般人所受的专业教育也使它更有缺陷，因此他们的想象力总是很新鲜，遇着出乎意料的事实，无论它显得如何奇特，他们总肯接受它，并且对它表示赞叹。

有一个物理学家，是居里夫妇的同行，接到这个消息的时候的态度，就稍微有不同了。钋和镭的特性推翻了几世纪以来学者们相信的基本理论。这些放射性物体的自发放射如何解释？这种发现动摇了全部已经得到的基本概念，并且和已经在人们大脑中根深蒂固的物质成分的观念相反。

因此，这个物理学家要保持谨慎的态度，他对于皮埃尔和玛丽·居里的工作极其感兴趣，他也看出他们所研究的成果的发展是无限的，但是他还要等得到决定性的结果之后，再表示意见。

化学家们对于居里夫妇他们所发现的物质的态度甚至更不含糊。依照化学定义，化学家们对于一种新物质只有在看见了它，接触过它，感受过它，检查过它，用其他物质加以对比，把它装在瓶子里，并且确定了它的"原子量"时，才会相信它的存在。

但是直至当时在，没有人看见镭，没有人知道镭的原子量；因此，忠于科学的化学家的结论是："没有原子量，就没有镭；把镭指给我们看，我们就相信你们。"

为了要把钋和镭指给不相信的人看，为了要向世界证实他们所发现的新物质是确确实实存在的，也为了进一步证实自己的发现，居里夫妇又辛苦地工作了4年。

为了提炼出纯净的钋和镭，居里夫妇在此后的4年中进行了科学史上最艰难的拼搏。

他们托奥地利一位教授从圣约阿希姆斯塔尔矿那儿免费弄到一吨矿渣，矿方同意把储存在一片松林中的沥青铀矿残渣免费送给居里夫妇。接着又有一个问题得立即解决，原来的小实验室放不下这一吨矿渣，怎么办？这时舒琴柏克校长主动出面帮他们寻找合适的实验室。

那是一个怎样的实验室啊！是一所既类似马厩，又宛若马铃薯窖那般简陋的房子。实验室就跟一间漏雨的棚子一样，冬天潮湿，而在温和的天气里就会感到非常热。

若不是在工作台上看到一些化学仪器，它没有具备任何一种不可缺少的化学实验室的条件，比如化学实验室用的各种防护罩。从健康的角度出发，这里完全不适合做这种放射性化学实验。但是，在当时既没有人知道放射性的危险性，而他们也没有更好的条件。

居里夫妇根本没有条件考虑这种种困难，他们完全被一种为科学献身的精神所激励。他们反而认为，这个被认为放死尸都不合格的棚子有一个最大的好处，那就是它那么破旧，那么没有吸引力，因此绝不会有任何人会不允许他们自由使用。

矿渣运来了，这些气味不好闻的渣滓竟成了居里夫人眼中的宝贝，路上的行人不免奇怪地瞧着她，因为她像得了什么宝贝似的那么高兴。

一天早晨，一辆像运煤车的载重马车停在娄蒙路的学校门前。有人通知了居里夫妇，他们穿着实验室的工作服，不戴帽子就跑到外面来了。皮埃尔仍然保持他一贯的平静态度，但是玛丽看见人们辛苦地把一些口袋往下卸的时候，按捺不住自己快乐的心情。

这是沥青铀矿，是她的沥青铀矿，几天以前货车站已经通知她运到了！她的好奇和急躁使她很兴奋，她要立刻看看她的宝贝。她剪断绳子，打开那个粗布口袋，把双手伸进那暗无光泽的棕色矿物，里面还夹杂有波希米亚的松针。

镭就藏在那里面，居里夫人要从这种像街上的土一样没有生气的东西里面提炼出镭来，即使她必须炼制一座山那样多，她也一定要做到。

居里夫妇作了分工：皮埃尔身体不好，继续研究镭的特性；玛丽则负责从矿渣中提取纯的镭盐。玛丽干的是连男人干起来也嫌累的重体力活，她每次要把20公斤的矿渣放进一个大锅里，用水加热直至沸腾，然后把这些沸腾着的溶液从一个罐子倒进另一个罐子。

提炼需要硫化氢，而硫化氢是一种有毒的气体，那灼热的、有毒的、刺鼻的蒸汽呛得她剧咳不止，眼泪也不停地流向两颊、颈上，她没办法拭去泪水，还得赶紧用一根很沉的铁棒搅拌这些熔化了的矿渣。

没有通风罩，居里夫妇只好把这道工序放到院子里面露天进行。如果碰到雨天，他们只好把实验设备搬到室内，把门窗全部敞开，让空气流通，否则他们会被刺鼻的浓烟呛得无法继续工作。点火、熔化、过滤、沉淀、倒出、再熔化。每天，居里夫人像一个锅炉工一样干着沉重的体力劳动。

皮埃尔开始感到全身疼痛，有时连起床和行动都感到困难。玛丽更惨，她面无血色，浑身无劲，有时像得了嗜睡病一样，整日昏昏沉沉的。他们两人真是将自己的付出用到了生命力的极限。有一次，皮埃尔在筋疲力尽的一天过去后，沉重地对玛丽说："我们选择的生活是多么艰难啊！"

1902年3月28日，居里夫人在记录本上兴奋地写下："Ra = 225.93，即一个镭原子的重量。"

当这几千次分步结晶的产物最终提炼出来时，他们两人虽然已经精疲力竭，但他们的兴奋之情难于言表！

这天夜晚，玛丽穿上衣服准备出门，皮埃尔知道她又想到实验室去看她的宝贝，于是也戴上帽子跟了出来。外面漆黑一片，他们顺着几年来闭着眼也会走的路来到实验室，打开门走进去。

玛丽轻声说："千万不要开灯，你瞧！"

宝贝就在他们面前的桌子上，一缕略呈蓝色的荧光在那儿愉快地闪耀着，宛若神话中的小仙子在黑暗中向她挥手致意。

"我的梦应验了，我曾多少次在梦中看见它熠熠发光，现在它果然发光了。"居里夫人激动地小声说。

居里夫妇找到一张有草垫的椅子坐下，面向那发出神秘荧光的地方。玛丽身体微向前倾，热切地望着小仙子体内流溢出的寒光。玛丽无声地抽泣起来，皮埃尔用手轻轻地抚摸着她的头发。他们俩就这样静静地坐着，看着那小仙女翩翩起舞。

居里夫人把最终测定的镭原子量，在法国科学院以《论镭的原子量》为题宣布了。科学界再也没有人怀疑镭的存在了！虽然纯金属镭还没有提炼出来，但镭有它的特征光谱，有确定的原子量，和它所特有的种种奇异特性，还能怀疑它不是一个新元素吗？

居里夫妇的实验成果终于引起了法国和世界各国科学界的极大重视，在法国，他们两人一时成了巴黎各个豪华沙龙的中心话题。法国科学院立即拨款两万法郎，用于提炼放射性物质。

无孔不入的记者们也开始把他们的目光瞄向这两位贫困而卓越的科学家，居里夫妇一夜之间成了1902年的明星。

就在他们取得辉煌成就的时候，1902年5月从华沙传来噩耗，说玛丽的父亲因胆囊开刀出了意外，要玛丽马上赶回华沙。

玛丽在赶到家中时，只见到了已放进棺材的父亲。父亲那毫无表情的脸似乎因为在临死前没有见到小女儿而万分遗憾。玛丽一头扑到父亲的身上，失声痛哭起来。

玛丽是兄妹中最受父亲疼爱的一个，她曾经跟父亲约好一毕业就回来和他团聚的，可是，现在玛丽远嫁他乡，远离了自己的父亲，连生前的最后一面都没有见到。玛丽像一个小孩子一样哭着请求父亲的原谅。

玛丽听哥哥姐姐们说，父亲读了自己发表在巴黎学士学院的实验报告之后，高兴得不得了，这成为玛丽的父亲去世之前的一大安慰。

斯克沃多夫斯基先生如果再多活19个月，他就会知道他的女儿为波兰人争得了更大的光荣，因为1903年，居里夫妇荣获了诺贝尔物理学奖！

如果是那样，他该会多么自豪、多么高兴啊！

上帝对于斯克沃多夫斯基先生的怜悯，似乎是太吝啬了一点。

不用科学发现谋私利

镭的发现是居里夫妇完成的最重要的工作，也是他们对科学做出的最重大的贡献，它在科学界引起了极大的重视。

一位著名科学家甚至说："'伟大的革命家镭'登上革命舞台时，它从根本上震撼了经典物理学。"

1903年5月，居里夫妇接受英国皇家学会的邀请，到英国去作关于镭的演讲。这次演讲是由皮埃尔作的，演讲的地点是英国著名科学家戴维和法拉第作过演讲的地方。

英国有这种星期五晚上演讲的优良传统。它的目的是尽量使没有或缺少科学知识的公众们有机会知道科学家们在干什么，并从中学到一些科学知识。

这种演讲常常会获得极大的轰动和成功。每到星期五晚上，报告厅所在的那条街上，汽车只能单向行驶，因为汽车和人实在是太拥挤了。男人们穿着考究的燕尾服，女人们身穿晚礼服，满戴首饰、珠宝，英国人把听这种报告像德国人出席音乐会一样看得同样庄重。

世界上最有成就的英国科学家要出席演讲会，世界上最杰出的科学家被请来作最出色的科学普及演讲。女性也可以参加这种演讲会，只规定不体面的女性不得入内。

皮埃尔的演讲受到英国科学家极其热烈的欢迎。皮埃尔演讲以前，居里夫人仍然穿着她那件黑色连衣裙。按照当时的习惯，人们一般是不穿黑色衣服的，但居里夫人穿着黑色衣服却显得十分文雅。英国皇家学会可能没有料到的是，当皮埃尔上台演讲的时候，居里夫人也随着皮埃尔一同上了讲台。

皮埃尔在演讲时，居里夫人一直坐在旁边。在英国期间，他们除了见到了开尔文以外，还见到了英国著名科学家克鲁克斯、拉姆赛、杜瓦等人，相谈甚欢。

后来皮埃尔和杜瓦合作，研究镭在低温时的物理现象。居里夫人还结识了爱尔登的妻子赫莎，她们后来成了很要好的朋友。赫莎也是一位很出色的科学家。

从英国回来以后，居里夫人将要捍卫她的博士论文了。从1891年至1903年，已经过去了12年。现在她已经是36岁、有一个女儿的中年妇女了，但她却以惊人的毅力为自己争取到了最后，也是最高的一个学位。

1903年6月25日，这是居里夫人答辩的一天。布罗妮娅和皮埃尔也坐在索尔本大学小礼堂的听众席上。布罗妮娅专程从波兰赶到法国来，为的是一睹她的小妹妹夺取最后一个学位时的风采。

评审委员席上坐着李普曼、布蒂、穆瓦桑三位教授。他们三人似乎有点过分严肃地坐在评审席上。今天也确实非同一般，因为索尔本大学还从来没有为一位妇女举行过这种答辩。居里夫人为了让人们知道，一位女性将在今后跻身于科学家之中，所以她特地请佩兰、朗之万和一些赛福勒女子高师的学生来为自己助威。小礼堂真是座无虚席。

在答辩现场，居里夫人面色苍白，身穿黑色连衣裙，金黄色头发挽成一个髻子在脑后高高耸起。她的论文题目是《放射性物质的研究》。论文有100页，全文除了导言、历史介绍以外，正文共有4节，全面介绍了放射性现象和新的放射性元素。评审委员们提出一些问题，居里夫人都一一做了回答。

人们鸦雀无声地听着她的答辩。最后，评审委员会主席李普曼教授站起身来，庄严地宣布："夫人，巴黎大学授予您物理学博士的学位，并给予极优的评语。"

学者们不重辩才和宏论，聚集于理学院的主考人在授予玛丽博士学位的时候，用的也是朴实无华的词句；但是30年后重读这些词句，却使人感受到很深的感情价值。

评审委员会主席李普曼教授还加了一句很少使用的客套话："夫人，我谨以评审委员会的名义向您表示最热烈的祝贺！"

全场响起了热烈的掌声和欢呼声。皮埃尔和布罗妮娅在礼堂外热烈地拥抱着玛丽，向她祝贺。

这些严格的考试，这些严肃而且朴实的仪式，对于天才的研究者和努力的工作者，都以同样的方式举行，这并不可笑，它们自有其风格和庄严性。

那天晚宴上，皮埃尔兴奋地从上衣口袋里拿出一只盛有镭的小玻璃管子，管壁有一层硫化锌。

在4月的夜色中，镭所发散出的幽光让在座的所有人感到惊讶不已。皮埃尔激动地说："这就是未来之光呀！"

许多人从幽光中注意到，皮埃尔的手粗糙得不像一位学者，倒像一位搬砖工人的手，而且明显地在发炎、红肿，似乎快握不住小玻璃管了。大家的心中感慨万千。

过了不久，一个星期天的上午，皮埃尔告诉玛丽，说美国有一家公司来信谈到他们将创立一家炼制镭的工厂。

皮埃尔说完后，玛丽似乎对这件事并不感兴趣，说："那和我们有什么关系呢？"

"我们得在两种决定中采取一种：要么毫无保留地把提炼镭的专门技术公之于众，谁愿意生产镭尽管去生产；要么我们申请生产镭的专利，这毕竟是我们发明的。"

"皮埃尔，我想你一定不会采取后一种决定。我们不能申请专利，那是违反科学精神的。"

皮埃尔想让玛丽把利害关系搞清楚，因此又冷静而客观地分析说："我们要慎重。有了专利，我们可以生活得舒适一些，不必再去干那些太辛苦、损害我们身体健康的活，而且关键的是，我们将会有一个好的实验室。"

玛丽想了一下，平静地说："科学家无权把他们的发现当作摇钱树，镭属于世界上所有的人。而且，它可以用来治疗癌症，在这种情况下，我们更不能以此牟利，是吧？"

皮埃尔听了她的意见后，说："是的，我们不能从我们的发现中牟取私利，这是违反科学精神的。在答复美国的要求之前，我想知道你的想法是否与我一致。好啦，今晚我就给美国写回信……现在，让我们去呼吸一下新鲜空气吧！"

居里夫妇骑上显得破旧的自行车，向郊外驶去。

荣获诺贝尔物理学奖

镭具有一种特殊的性质,在日光的照射之下,人的肉眼是看不到它所散发出来的光芒的,但是如果你将镭放到阴暗的角落,它的光芒就会变得很强烈。

镭所放射出来的光线可以照射透任何不透明的物体,并且影响到旁边的其他东西,只有很厚的铅才会完全遮掩住它。

镭的发现,开创了原子时代。有了原子能,才有了人类向宇宙进军的新纪元,镭还为医学的发展做出了巨大的贡献,它也是人类的杀手——癌症的克星,全世界都被这巨大的神奇作用震惊了。

1903年,巨大荣誉向居里夫妇扑来,英国皇家学会授予居里夫妇戴维奖章。这项奖励创设于1877年,每年由英国皇家学会颁发,授予在化学研究中取得重大发现的科学家,获奖者可在获得铜质奖章的同时得到200英镑的奖金。

在这之前,他们在1903年还获得过伯特洛奖章、巴黎市荣誉奖章。而这年最大的荣誉是他们将获得该年度的诺贝尔奖。

"诺贝尔奖"的来源是这样的:以发明黄色炸药而出名的瑞典科

学家诺贝尔死后留下一笔很大的财产，寄存在银行里，他在遗嘱中表示愿将这笔钱的利息分赠给最优秀的物理学、化学、生物学暨医学、文学以及对世界和平有贡献的人们。全世界每年只有10名候选者，所以这种荣誉是非常高尚的。

1903年11月14日，瑞典科学院院士、常务秘书欧利维理乌斯写了一封信给居里夫妇：

居里先生暨夫人：

瑞典科学院在11月12日的会议中，决定以本年度诺贝尔物理学奖金的一半授予你们，表示尊重你们在贝克勒尔射线的研究上共同卓越的成就。这一决议，要在12月10日才正式公布，此前将严守秘密，奖金和金奖章也将在同时颁发。

评审委员会还希望居里夫妇在授奖那一天能到瑞典斯德哥尔摩来接受奖状、奖章和奖金，并在会上作"诺贝尔演讲"。

11月19日，皮埃尔回信说，他非常感谢瑞典科学院将诺贝尔奖授给他们夫妇俩，但因为工作太忙和居里夫人一直生病，无法在冬天出门到严寒的北欧去。他希望在1904年6月天气暖和了再去作这个演讲。

举行讲座的那一晚，礼堂里面挤满了知名的学者，皮埃尔用法语慢慢地讲着镭的特性，并在场做了几个相关的实验。

1903年12月10日，一直秘而不宣的获奖消息正式宣布。这一消息立即在巴黎和全世界引起了轰动。而且这一次又非同寻常，获奖者竟是一位弱不禁风的金发年轻女性，这是第一位获奖的女性，而且在素来是男性工作领域的物理学中获奖,并且是夫妻双双获奖,这一切真是太吸引人了,太能挑起广大民众和记者的好奇心了。

新闻记者像轰炸机群似的向居里夫妇进行轮番采访,原来门可罗雀的实验棚屋,如今车水马龙、人声鼎沸、熙来攘往,成了闹市。

这令最喜欢安静的居里夫妇叫苦不迭,他们根本抵挡不住这种毕生没经历过的采访、照相、好奇,感觉自己简直像动物园中的珍奇动物一样,无可奈何地听任各种各样的人摆布。他们惊恐、愤怒,他们感觉受到了凌辱,感到窒息。

无论他们走到哪儿,总有人在窥视和跟踪,总有人试图接近他们以求深挖新鲜的新闻材料,以便在报上又轰动一番。记者们甚至在居里夫人女儿伊伦娜身上大做文章。

后来连法兰西共和国总统埃米尔·卢贝的好奇心也被煽动起来了,亲自到那神奇的棚屋去参观。

美国人也来凑热闹,有人来信邀请他们到美国去,"给你们举行祝贺宴会""一切费用即刻寄去",而且在信中笃实地叮嘱,"无论如何一定要来"。

皮埃尔和玛丽不胜其烦,玛丽可怜兮兮地写信给哥哥约瑟夫说:

> 我做梦也没想到获得诺贝尔奖会招来如此嘈杂不堪的结果。我们已不能再过像以前那种安静的研究生活了,皮埃尔和我都认为我们的生活完全被敬仰和光荣毁坏了。我们多想早日回到过去那种没人打扰的安静生活中去,对如今的我们来说,沉思才是最重要的。

1904年1月22日,皮埃尔写信给乔治·古依说:

请您原谅我，我早就想给您写信而不能写，因为我此刻过的是一种愚蠢的生活。您看见这种突然发作的镭狂了，这种狂热把声望的好处都给我们带来了。

世界各地的新闻记者和摄影记者追随着我们，甚至于记录我的女儿和她的保姆的谈话，并且大肆描写我家里的那只黑色小猫。我们收到许多函件，还要没完没了地接见许多古怪的人和还没有出名的发明家。还有人向我们请求大笔款项。

末了，收藏亲笔签名的人，赶时髦的人，上流社会的人，有时候还有科学界的人，都来看我们。这些事使实验室一刻也不得安静，而且每晚还必须写许多无聊的信。过这样的生活，我觉得自己整个人都变蠢了。

后来在1923年应美国麦隆内·马丁夫人的邀请写的《居里夫人自传》中，居里夫人还提到这些可怕的骚扰。她写道：

以前我们在不能令人满意的条件下工作，因过分专注而使身体过分劳累，影响了健康。后来又因为宣传得不适度，受到众多人的骚扰，使我们更加劳累了。我素来珍爱的隔绝、平静的生活被彻底打乱，它所造成的影响和后果更加令人不堪设想。

我们需要维持正常的生活和研究工作，这就必须完全排除外界的骚扰才行，但我们却得不到这种安静。那些骚扰我们的人，当然存心是善良的，只是他们不明白对于科学家来说什么更重要。

居里夫妇逃避各种招待宴会,在社交场所上看不见他们的身影;但是他们不能永远躲过正式的晚宴和招待外国学者的大宴会。那个时候皮埃尔不得不脱下他每天穿的厚毛料衣服,换上礼服,玛丽也把她的晚礼服穿上。

居里夫妇实在厌恶透了这种不断的骚扰,包括与上流社会的应酬。这其中有一件最著名的轶事,是有一天晚上,居里夫妇被邀请赴卢贝总统的晚宴。

在大厅休息时,有一位夫人走近居里夫人,殷勤地问道:"您愿意由我引您晋见希腊国王吗?"

居里夫人诚恳而温和地回答:"我看不出来有这个必要。"忽然她惊呆了,跟她说话的竟是总统夫人。她连忙不好意思地改口说:"但是,如果是您要我做的事,我当然一定遵命。"

后来,他们实在受不了,就悄悄地躲到偏远小村子去。在乡间小店住宿时,他们只能用化名登记。他们像一对农村夫妇,推着自行车在法国西北部布列塔尼半岛上的乡间小路上漫步,他们走累了,就随意在一块石头上坐下,玛丽会乘此机会脱下鞋,把里面的沙子倒出来。有一次,当她正在石头上磕倒鞋中的沙子时,她心里突然一惊:糟了,怎么会被一个记者盯上了梢呢?

这位记者大约是偶然邂逅,也惊了一下,但他立即认出这就是报纸上登过无数次的著名的居里夫人,他立即掏出记事本坐到她身边。皮埃尔无可奈何地轻轻叹了一口气。

记者想用这意外的好运气挖出一点不平常的消息,但居里夫人只说了一句话:"请您转告大家,在科学上我们应该注意的是事,而不是人。"

居里夫妇对名声和财富视若浮云。他们不仅把自己所掌握的全部有关镭的知识，无代价地告诉给所有求教于他们的人，还把自己付出如此艰辛的劳动代价取得的镭盐，无偿地送给了许多医院。1905年2月，他们把再次提炼的一点镭盐送给了维也纳医院，以感谢奥地利政府廉价供给他们的沥青铀矿渣。

1904年夏季来了，居里夫妇本应去瑞典作诺贝尔演讲，但皮埃尔因为风湿病发作，全身疼痛难忍，没能到瑞典去。

居里夫妇荣获诺贝尔奖以后，法国政府再不对居里夫妇表示关注，似乎真有些说不过去了。1904年10月，皮埃尔被索尔本大学校长任命为理学院新设物理学讲座正教授；11月，居里夫人也被任命为理学院物理实验室主任。

1905年6月6日，皮埃尔代表他和妻子，在瑞典科学院作了演讲。他的演讲题目是《放射性物质——镭》。

他首先表示歉意，"由于一些我们自己也无法控制的原因，我们未能于1903年12月10日在斯德哥尔摩同大家见面。"接着他说，"要讲放射性物质的特性，我当然不可能只讲我们俩人自己的研究工作。"他提到了贝克勒尔和许多人。

在介绍了"我们称这些物质为放射性物质"的一般性质后，皮埃尔特别着重指出：

> 镭这种放射性物质是一种可以持续不断提供能量的能源，用它的放射性强度可以表示出它的能量的大小。在我与拉博尔德合作的研究中还发现，1克镭每小时连续释放的热量达100卡。

卢瑟福和索迪、朗格和普里希特，还有埃格斯特朗，都曾测量过镭释放的热量。据所测量的结果来看，释放能量的强度经过数年后都将不会改变，因此，镭释放的总能量将十分惊人。

对于这种能量的来源，曾引起我们和许多科学家的高度关注，并提出过几种假说以解释这些能量究竟是从哪儿来的。

在开始研究的时候，居里夫人和我曾认为，这种现象可以用两种不同的一般假设来解释。关于这些假设，居里夫人在1899年、1900年作过阐述。

第一种假设：放射性物质从外界摄取能量，然后再释放所吸收的能量，因此这种释放是第二次辐射。空间不断被外来穿透性很强的射线所穿透，在穿透过程中被一定的物质所捕获。这种假设并不荒谬。

根据卢瑟福、库克和麦克林南最近的工作来看，这一假设有助于解释很多物质的极微弱的辐射。

第二种假设：放射性物质释放的能量来自物质本身，因此放射性物质处在变化之中，它们逐渐地缓慢衰变，尽管其中有些物质的状态从表面上看并不变化。

镭在数年中释放的热量，如果与相同重量的物质在化学反应中释放的热量相比，那是非常巨大的。然而，释放出的这些热量只不过是极少量镭在衰变时放出的能量，这些镭少得甚至衰变数年后还察觉不出来。这无疑使我们得出以下结论：放射性物质衰变的原因，要比普通的化学变化深奥得多，因为放射性衰变时元素的转变，意味着原子的存在就会出现问题。

在这次诺贝尔演讲中，皮埃尔又进一步明确提出，如果镭是从其他元素中分离出来的，那么它的寿命将是很有限的。在自然界中，镭总是与铀共存的，可以设想它是由铀产生出来的。最后，皮埃尔以下面十分著名的一段话结束了他的演讲：

我们可以想象到，如果镭落到了坏人手中，它就会成为非常危险的东西。由此可能会产生这样一个问题：知道了大自然的奥秘对人类是否有益？人类从新发现中得到的是益处，还是害处？诺贝尔的发现就是一个典型的事例。

烈性炸药可以使人类创造奇迹，然而在那些把人民推向战争的罪魁祸首手里，烈性炸药就成了可怕的破坏武器。我是信仰诺贝尔信念中的一员，我相信，人类从新的发现中获得的更美好的东西，将多于它带来的危害。

他们轻松愉快地作了演讲后，又在北欧这块神奇的国度里游览了几个城市，而后尽兴而归。

战胜失去亲人的伤痛

自获诺贝尔奖之后,居里夫妇的工作条件有了稍许改善。一方面工资收入增加了,另一方面实验室也配上了助手,他们用不着再像以前那样干那些超过自己体力的重活、粗活了。但是,实验室的设备仍然十分糟糕,皮埃尔为此仍然感到愤懑。

居里夫人在《居里传》中,辛酸地回忆了这件事:

每次只要想到一个在20岁就已经显示出天才的一流学者,竟然会终身没有一个令人满意的实验室,真是不能不让人感到痛心。假如他能活得时间长一点儿的话,他一定可以享受到在满意的实验室环境下工作的欢悦。可惜他在47岁突遭厄运去世,他这一生都没有过这种满意的实验室。

一位满怀热情、大公无私的科学家,终身因为经济条件和工作条件不好而不能完成他伟大的设想,他的遗恨人们能想象得出来吗?每当我想到这个国家把最大的财富也就是最富有天才、勇毅的人就这样白白地浪费了,我们难道不感到深深的痛苦和内疚吗?

居里夫妇成了名人以后，生活条件比以前有了一些改善，但是快乐的时光却没有以前多了，特别是玛丽，她失去了她的热情和愉快的心情。

长期的工作压力和成功之后媒体的跟踪采访，使得玛丽身心疲惫，这个时候玛丽又生下了第二个女儿，是一个很漂亮的，黑头发大眼睛的小女孩，居里夫妇给她起名叫作艾芙。

居里夫人在生下艾芙不久，曾经有一段时间患上了轻微的梦游症，到了晚上的时候，她经常轻轻地起来，慢慢地穿上她的那件工作服，走向实验室，每到这个时候，皮埃尔就小心翼翼地把玛丽抱起来，放到床上。

时间长了，皮埃尔的健康也不同程度地受到了威胁，皮埃尔的风湿病又发作了，而且越来越厉害，有的时候疼痛得整夜都无法入睡。

1906年4月15日，一个星期日，而且正是在复活节期间，居里夫妇一家到巴黎附近的圣雷米德舍夫罗斯去度周末，他们去年夏天在这儿买了一栋房子。他们像往日一样，牵着一个，抱着一个，到田野、树林和河边去散步。伊伦娜9岁了，艾芙才1岁半，两个女儿都发育得很好。

就是那天早晨，或许是头一天，醉人的春光的美丽和宁谧使皮埃尔平静下来，他看着在草地上玩耍的两个女儿，再看看一动不动躺在身边的玛丽，他抚摸着妻子的脸颊和金色的头发，然后低声说：在你身边，生活是甜蜜的，玛丽。

星期一晚上，皮埃尔就带着一身春天的气息乘火车回巴黎去了。而玛丽和两个女孩子要继续在乡间享受两天春天明媚的阳光和原野的清新气息。

4月18日，星期三晚上，玛丽带着孩子们也回到了家。法国春天多雨，几天明媚的天气又被雨天所代替，万紫千红的美景都大煞风景地付诸流水，暖和的日子一下子又被寒冷驱赶走了。风掀动着门窗，雨敲打着屋顶；阴霾四布、街道泥泞，路上行人很容易打滑摔倒。居里夫人把孩子们放在家里，就到实验室和皮埃尔会合了。

4月19日，星期四，显得很阴郁，一直在下雨，天色昏黑；居里夫妇虽然专心工作，仍不能忘掉这4月的骤雨。这天，皮埃尔要到法约特饭店参加理学院教授联会的午间聚餐。聚餐过后，他还要见出版商高吉耶·威雅尔，看一篇论文的清样，然后到科学院。

皮埃尔在楼下向楼上的玛丽高声问了一声："玛丽，你今天还去实验室吗？"

玛丽正在为艾芙穿衣服，边穿边回答说："今天恐怕没有时间去了。"

她的话也不知道皮埃尔听见没有，她也没在意。天天如此，又有谁会把今天早上临别的话特别放在心上呢？但她万万没有想到的是，这一问一答竟是他们此生最后一次交谈。这么简单，这么匆忙！甚至还不知道皮埃尔听清没有呢。

玛丽在家里与女儿们和居里大夫一起吃午餐的时候，皮埃尔正在东路的法约特饭店里和他的同事们亲切交谈。他喜爱这种平静的聚会，他们在那里谈索本、谈研究、谈职业。这次一般性的谈话转而谈到实验室里可能会突然发生的意外事故，皮埃尔立刻赞成拟订一个减少研究者所冒的危险的规则。

14时30分，皮埃尔起身向同事们告辞，还和佩兰握了握手。在他们聚餐时，雨曾经停过，但是等他出门时，雨又在迷迷蒙蒙地淅沥着。皮埃尔出门后撑开雨伞，走上圣热尔曼大街向塞纳区走去。

走到出版商那儿时，大门关闭着：工人们罢工了。他转身去道芬街，取道码头向科学院走去。

这是巴黎的旧区，狭窄而又泥泞的路上拥挤着肩擦肩的人群，还有出租马车拼命地在泥泞的道路上向前疾驶，人们身上被溅来一拨又一拨的泥浆。为了躲避这随时会溅到身上的泥浆，道路上显得更加拥挤和混乱。再加上各种各样的吆喝声，这儿简直让皮埃尔感到头晕目眩。

皮埃尔可能是想抄近路吧，他突然离开与他并排前进的马车，试图穿过马路。正在这时，他没提防另一辆马车从对面冲了过来，马车夫虽然想立即停住马车，但由于惯性的作用无法实现。皮埃尔这时似乎刚从沉思中惊醒过来，见一辆马车向他直闯过来，惊恐地想赶快停住脚步，但泥泞的地面却使他滑倒了。

结果，一场悲剧出现了：一位天才的头瞬间被马车的后轮碾压碎了，刚才还在思考人类最深邃问题的大脑组织现在竟突然与泥浆混在一起，成为一摊红色的渣滓……

后来，警察让人用担架把皮埃尔的尸体抬到附近警察局，从衣袋里发现了死者的名片。"啊！原来是一位著名的科学家，还是一位院士！天哪！"

他们立即用电话通知索尔本大学理学院。皮埃尔的助手克莱克立即赶到警察局，当他见到敬爱的教授那可怕的伤口，失声痛哭！他不能相信，一个如此有活力的科学家怎么突然之间成了一具可怕的残骸？这怎么可能呢？这是为什么？上天为什么如此残酷，如此不公？他还有许多事要做呀！

理学院院长保罗·阿佩尔和皮埃尔的好友、刚才还和他握了手的佩兰到居里家去通知这个噩耗时，居里夫人还没有回来。老居里医生知道儿子不幸惨死于车轮之下后，他那布满深深皱纹的脸上禁不住老泪纵横。他什么话也不会说了，只是反复地念叨着一句话："儿子呀，你当时在想什么呢？"

居里夫人18时才回家，阿佩尔又一次把悲痛消息传达给居里夫人。

"皮埃尔死了？真的吗？"居里夫人僵住了，不断低声重复着这句话，似乎根本不相信这个消息。接着她转身进房，把自己锁在里面，不搭理任何人，默不作声地一个人去理解什么叫死亡，什么叫残酷的不幸。

目睹这个悲剧的人感觉到在居里夫人和他们之间的那层看不见的铜墙铁壁。他们表示悲哀和安慰的话语在居里夫人的耳边掠过，她的眼睛没有泪水是干的，脸色苍白得有些发灰，似乎也听不见周围的人在说些什么，很久很久才费力地回答一些迫切的问题。

有人送来了在皮埃尔的衣袋里找到的几件可怜的遗物：一支笔、几把钥匙、一个皮夹、一只表。那只手表完全没有损坏。

当皮埃尔的尸体被抬回家时，她似乎异常镇定地看着人们为死去了的亲人梳洗、换衣。那天晚上，她一个人坐在皮埃尔身边，默默地看着他那双闭上眼的脸，心中似乎还不甘心地念叨着："我果真就此失去了你？你真的就一去不复返了吗？你的音调，你的言辞，还依然在我耳边盘旋。你最后和我说的是一句什么话？啊，是的，早上你临走时问我还去不去实验室？我真笨，为什么不下楼来和你多说几句话？难道就这样永别了吗？"

第二天，雅克·居里来了。这时，居里夫人的悲伤才从沉默中不可遏制地爆发出来，她终于在酷似皮埃尔的哥哥面前痛哭出来。但哭完了以后，她立即将悲伤紧锁在心中，她还要处理许多事情，尤其是两个女儿并不知道爸爸为什么躺下。

她对女儿们说:"爸爸受了重伤,要好好休息。你们乖乖地到阿丽娜家去玩吧。听话啊?"

皮埃尔·居里去世的消息立即传开了。门铃不断地响,来悼念的,来采访的接踵而至,国王、总统、世界著名科学家,接连不断地拍来电报,写来慰问信,堆积如山。

这时大家十分关心的是什么时候举行葬礼?谁来致悼词?谁代表政府?谁代表科学院?居里夫人深知她的丈夫厌恶这种表面热闹而实则劳民伤财的仪式,毅然决定在皮埃尔去世后的第三天,也就是4月14日的上午下葬,坚持不举行任何仪式,只有不多的几位亲人和生前好友参加。

教育部部长白里安不顾居里夫人的推辞,仍然悄悄地加入了送葬者的行列。

4月22日,法国《新闻报》写了一篇报道:

> 居里夫人和她的公公挽着胳膊,走在棺木后面,直到墓地挖好的墓穴旁。墓穴四周有几棵栗树。她伫立在墓穴旁,目光凝滞而严峻。当有人把一束花送到墓穴旁时,她把花接过来,一朵一朵地撒在棺木上。
>
> 她的动作缓慢而从容,似乎世界一切都不存在似的。旁边的人深受感动,悲戚无声地看着她。
>
> 葬礼主持人提醒居里夫人,她应该接受送葬人的慰问。于是她将花全都扔到棺木上,离开墓穴,默默地站到公公身边。

那天晚上，居里夫人又把自己一个人关在书房里，默默而又痛心地想着与她一同合作和奋斗的丈夫。他们结为伴侣已经11年了，现在她失去了他，啊，不仅失去了他，而且也失去了她自己，她和他一起消失了，没有他也就没有了她。

她后悔，后悔自己以前对丈夫的关心太少，一心只专注于工作，忽略了对丈夫的关照。

想着想着，她突然抓起笔，在日记上急急地写着，似乎害怕把刚才想到的又忘记，而那忘记似乎是一种可怕的背叛。

皮埃尔，我的皮埃尔，你像一个可怜的伤员一样躺在那儿，头上缠着纱布，平静地睡着。

你的嘴唇，我过去曾说过那是贪吃的嘴唇，现在因失色而显得分外苍白。你的小胡子是灰色的，你的头发只能看到一点点，因为伤口正从发际开始，在额头右上方，断裂了的骨头在那儿露了出来。唉！你受了多少的痛呀！流了多少血呀！你的衣服被血浸透了。过去我常常用双手抚摸你的头，它受到了多么可怕的撞击啊！以前我吻你的眼皮时，你总会用我十分熟悉的动作抬起你的头，让我去吻。

每天桌上堆满了安慰我的电报，报纸和杂志上也登满了有关你的事。不论人家怎么安慰，那只会增加我的悲痛，而你是永远都不会再回到家里来了。

我们在星期六上午入殓。抬你入殓时我们最后一次吻了你冰冷的脸孔，接着在棺材里放进了一些从花园里摘来的常春花和一张我的照片，这是你最喜爱的一张，你称为"很聪明的小女大学生"的那一张。

你的棺木盖上了，我将再也看不见你了。我不愿意他们用那可怕的黑布蒙在棺材上，我在上面撒满了鲜花，然后在旁边坐下。

我们把你送进西奥镇，看着人们把你放在墓坑里。然后，人们庄严肃穆地列队上前默哀。真可怕！他们想让我和雅克先走，我们都不肯，我们要看到一切都办妥了才走。人们把墓穴填上，摆好花圈，一切都结束了。

葬礼是依照你平日的作风，简单地举行的，只有极少数的亲友来参加。我把花瓣撒在你的墓上向你告别。

皮埃尔在地下长眠，而一切从此都结束了。

第二天，居里夫人来到佩兰家，这两天两个孩子一直住在他们家里，他们两家关系非常亲密，相处无间。现在伊伦娜9岁了，玛丽觉得应该把她爸爸去世的事情告诉她，她有权知道。

伊伦娜正在和佩兰的女儿阿丽娜玩耍，当她妈妈把爸爸去世的事情告诉她时，她似乎并没注意听，继续和阿丽娜玩。居里夫人有点失望地对佩兰夫人说："她还太小，不懂事。"

居里夫人错了，伊伦娜并不是太小，她非常懂事。等妈妈回家后，伊伦娜立即停止玩耍，痛哭得像个泪人儿一样，把阿丽娜和佩兰夫人吓坏了，怎么劝都没有用。

等她哭够了，她要求佩兰夫人把她送回家去，她不能让妈妈一个人待在家里，她要陪伴妈妈。这么小的孩子也要与大人一起承受人世间的不幸！居里夫人面对懂事的年仅9岁的伊伦娜，心中感到无比地凄惶和内疚。

玛丽自从丈夫去世以后，她的内心努力地用理智去克服那脆弱的感情。这是在长期忍受的意志之下促使玛丽这样去做,当玛丽想念皮埃尔的时候,她就会拿起笔来在日记中跟皮埃尔诉说。

皮埃尔,你和我分别并没有几天,可是我觉得好像已经过去好几年了。

房间的桌子上还摆放着你用过的那些参考书,还保持着以前的状态,你的帽子还挂在架子上,还有你遗留下来的那只表,还像往常一样滴滴答答地走着。

我要暂时过着你生前的生活,保持生活中一切如故的样子。

残酷的不幸,搅乱了居里夫人的家庭、工作,而她正好处在这不幸风暴的中心。人们忧虑地发现,她神情恍惚、眼光呆滞、缄口无声。雅克和老居里医生为她担心,从波兰赶来的约瑟夫和布罗妮娅也为她焦急不安。

他们都深知玛丽和皮埃尔两人感情太深,要想玛丽那么快就从悲痛中解脱出来,又谈何容易?但长久这么下去,玛丽会不会出什么问题呢?怎样才能让她尽快从悲痛的思念中解脱出来呢?

法国政府似乎也为这次突然袭来的悲剧所感动,主动向居里夫人提出,政府可以为皮埃尔·居里的遗孀和遗孤发放一笔国家抚恤金,像对待11年前去世的伟大生物学家巴斯德的未亡人一样。

当雅克征询玛丽的意见时,玛丽断然拒绝:"我不需要抚恤金。我还年轻,才38岁,能够挣钱养活我和我的两个女儿。"

从这件事中大家又看到了希望。后来,索尔本大学当局想让居里夫人继续留在大学工作,但是以什么样的职位和头衔留下她呢?

皮埃尔去世了，他的讲座按理应当取消，与讲座同时设立的实验室也将同样撤销。那么，居里夫人如此高的学术地位，如何安排才能让她和大家都满意，而且也能让大学当局可以顺利通过呢？人们询问居里夫人，虽然居里夫人茫然地回答说"不知道"，但人们立即醒悟出治疗她的悲痛的妙方。

皮埃尔生前的一些亲朋好友，如雅克、约瑟夫、古依、佩兰，开始替玛丽向大学提出建议，说居里夫人是唯一能够继续主持皮埃尔讲座的法国物理学家，她肯定有资格接下和完成皮埃尔未完成的事业。索尔本大学应该乘此机会打破古已有之的传统，任命居里夫人为教授。

任命一位女性为世界著名学府的教授？这不仅在法国，就是在整个欧洲也是一件稀罕事。居里夫人几年前就到实验室工作了。但让女性上教授的课，法国教学史上还无此先例。

这事惊动了教育部部长白里安，惊动了理学院和大学当局。后来，幸亏在贝特洛、阿佩尔和副校长李亚尔等人的极力支持下，法国终于决定打破守旧的传统，采取了开明的做法。

1906年5月13日，理学院会议一致决定保留为皮埃尔·居里开设的课程，让居里夫人以代课的名义继续授课。决议如下：

聘请巴黎大学理学院实验室主任、理学博士皮埃尔·居里夫人代授该学院物理学课程。

居里夫人此职年薪一万法郎，从1906年5月1日开始付薪。这是法国，恐怕也是欧洲第一次把最高教职位任命给一位女性。

居里夫人知道了这一任命后，说："我试试看。"

亲朋们放心了,她答应试试看就说明她已不再需要人们为她担心了。于是约瑟夫、布罗妮娅和雅克都先后回了家。
　　居里夫人虽身心交瘁,但即将承担的重任使她逐渐平静下来。她在日记本上写道:

　　　　我的皮埃尔,我想告诉你,花园里的金雀花已经开放了,紫藤、山楂、鸢尾也都先后绽出了花朵。你如果还活着,看了一定会非常高兴的。我还要告诉你,我已被任命代替你的职位,继续讲你的课程,并且继续领导你的实验室。我答应了,但不知这是好事还是坏事。
　　　　你以前常说,希望我到索尔本去讲课,因此我这么决定不会违背你的意愿,而且我愿意努力把你没做完的工作干好。有时候我似乎觉得这样我会比较容易活下去,但有时我又觉得承担这项工作简直是发疯!

5月22日,她在日记上写道:

　　　　我开始在实验室里整天整天地干着,这是我唯一能做的事,因为在实验室里我会觉得比任何地方都好受一点。我想不出还有什么事情能使我高兴,或许科学研究可以,不,还是不能,因为如果我取得了成就,而你不能知道,我一想到这就又受不了啦。

　　夏天来了。灼热的阳光将逐渐把春天凝聚的悲痛融化和蒸发。在姐姐布罗妮娅临走之前,有一天居里夫人把布罗妮娅带到自己的卧室去，虽然是炎热的夏季，但是屋子里却生了很旺的火，居里夫人锁上了房门，布罗妮娅吓了一大跳，她惊讶地看着居里夫人的脸，她的脸比以前还要苍白，丝毫没有一点血色。居里夫人一言不发，在柜子里拿出一个袋子，然后在火炉旁边坐了下来。

居里夫人看着布罗妮娅，缓缓地解开了绳子，火光照亮着她那颤抖的双手，从袋子里面拿出一个小布包，打开小布包，布罗妮娅几乎要尖叫起来了：包裹里面是皮埃尔的衣服，衣服上都是干了的泥和变黑了的血衬衫，这些都是皮埃尔出意外的时候所穿的衣服，居里夫人一直留在自己的身边。

居里夫人拿起一把剪刀，开始去剪那些脏了的衣服，然后把它们一块一块地扔到火里，慢慢地冒烟了，火光亮起来了，直到消失不见了，这个时候，居里夫人突然停止了，止不住的泪水让她的眼睛变得模糊了起来，那还没有烧掉的衣服的一角留下了她的眼泪。

居里夫人呆呆地凝望着那些已经腐坏掉的衣服的剩余的部分，用手不停地抚摸着。布罗妮娅从居里夫人的手中抢走了皮埃尔的衣服，一片一片地剪碎，然后扔到火里。

这件事情终于做完了，居里夫人和布罗妮娅都没有说话，直到最后居里夫人才说：我不忍心叫一些不关心的人来碰这些东西，现在无论如何我都要活下去，坚强地活下去，无论遇到任何困难。

居里夫人一边说着一边情不自禁地痛哭了起来，她和她的姐姐紧紧地拥抱在了一起。

居里夫人开始在皮埃尔离开她以后，第一次勇敢地挺立起来。此后，她不仅战胜了刻骨铭心的痛苦，还取得了再次的辉煌。

担负养育子女的重任

居里夫人不但在科学上取得了巨大的成就,就在教育子女方面也取得了极大的成功。她的大女儿也获得诺贝尔奖,她的小女儿则成为一个作家。

她对两个女儿的家教观念是:天赋不可造就,却能发掘。早在女儿牙牙学语时,居里夫人就开始对她俩进行了探索性的发掘。

居里夫人在她的女儿还不到一岁的时候,就让她们进行"幼儿智力体操"的训练。让孩子广泛地接触陌生人,到外界去看动物,看植物,看蓝天白云,到水中去戏水。

在孩子长大以后,居里夫人又教她们一种带有艺术色彩的"智力体操"的训练。教育孩子唱儿歌,讲童话。在孩子再大一些的时候,就开始对孩子进行智力训练和手工制作的教育。如数的训练、字画的识别、弹琴、作画、泥塑。

女儿们刚上小学,居里夫人便让她俩每天放学后在家里进行一小时智力活动,以便进一步发掘其天赋。当她们进入赛维尼埃中学后,居里夫人让女儿每天再补一节"特殊教育课",在索尔本的实验室里，由让·佩韩教伊伦娜和艾芙化学，保罗·朗之万教数学，沙瓦纳夫人教文学和历史，雕塑家马格鲁教雕塑和绘画，穆勒教授教4门外语和自然科学，而每星期四下午在巴黎市理化学校里，由居里夫人教女儿物理学。

经过两年"特殊教育课"的观察鉴别后，她发现，大女儿伊伦娜性格文静、朴实、专注和自然，着迷于物理和化学，明确自己的使命是要当科学家并研究镭，这些正是科学家所具备的素质；小女儿艾芙心灵跳跃、充满梦幻、情绪多变，居里夫人先培养她学医，再引导她研究镭，又激励她从事自然科学，可她对科学不感兴趣，艾芙的天赋是文艺。

居里夫人每一天都要抽出时间与孩子散步，在散步的时候，就给孩子讲有关动物和植物的知识。她教育孩子都是力求从实物开始，且每天更新，以提高孩子的兴趣。在对孩子进行智力训练的同时，她还对孩子进行了品德方面的训练。培养孩子节俭朴实的品德。她对自己的女儿生活严加管束，要求她们"俭以养志"。

居里夫人教育女儿："贫困固然不便，但过富也不一定是好事。必须要依靠自己的力量谋求生活。"她还培养自己的女儿要勇敢、坚强、乐观，克服困难的品格，她常与女儿共勉："我们必须要有恒心，尤其是要有自信心。"她还培养孩子不空想、重实际的作风，她常告诫自己的两个女儿："我们不要虚度自己的一生。"

居里夫人常常对世间某些教育子女的方式有着很大的不满，那些教育方式不仅仅是存在于下层社会里，就是在教育程度颇高的家庭中也是常见的现象。对作为一个科学家的居里夫人而言，那种教育方式，实在是太愚蠢而可笑了。

晚春的某一天，在苏镇附近下起了一场倾盆大雨，雷鸣和闪光大作。刚刚满10岁的伊伦娜吓得躲进被窝里。玛丽见了这种情形，立刻走上前去把伊伦娜盖着的被子拉开。

"妈妈，我害怕！"伊伦娜马上钻到母亲的怀抱里。

"这样不行！"居里夫人说，她强迫伊伦娜自己坐在椅子上。

居里夫人看着脸色苍白、坐着发抖的伊伦娜，用简明容易的话耐心地给她解释打雷的原因。

"可是，雷要是打在这房子上应该怎么办呢？"

"不会的，这房子有避雷针。"

"假如，假如打在附近的房子上，就会起火吧？"

"不，砖造的房子是不会烧起来的。"

"我讨厌这种闪光。"伊伦娜说着。

居里夫人站起来，把所有的窗帘都拉上了。"这样就看不见闪光了。"

"那么，妈妈，打雷的声音不是那些魔鬼的声音？"

"妈妈不是已经告诉过你，那是电的作用。你所说的所谓魔鬼生气怒吼，那是一些愚蠢的人们的想法。"

"那么，雷会抢人家的小孩子是假的吗？"

"那都是骗人的话，雷是不会抢人家小孩子的。"从一开始半信半疑的伊伦娜似乎渐渐消除了对闪电、雷鸣的恐惧心理。

"我以为遇到打雷的时候，大家急着跑进房里去是怕被雷给抢走。"

"打雷的时候在外边是有危险的，尤其是高树底下更加危险。不过，只要待在这种有避雷针的房子里便绝对安全，懂吗？"

"妈妈，我懂了。"从此以后，伊伦娜把害怕打雷的心理完全消除了。

居里夫人特别讨厌大家谈论鬼故事,那些故事都是没有科学依据的无稽之谈。假使遇到家里附近的人在孩子们面前谈鬼,她会毫不客气地当面去纠正人家,所有关于鬼怪的读物她都给撕毁,不准孩子们看。

伊伦娜和艾芙也和别的孩子一样,不喜欢在晚上的时候到黑暗处去,更不愿意一个人单独睡觉。

"不必害怕的。"居里夫人总会一直去给孩子们说明没有鬼怪存在的道理,所以,不久之后孩子们便不再害怕一个人独自睡在二楼的卧室里,而且到了晚上也敢独自外出了。后来,伊伦娜竟然敢独自坐火车到远处的亲戚家里去了。

居里夫人对孩子们不但注重精神方面的教育,在对身体方面的锻炼也是颇费苦心的。她利用院子里的大树给她们制作秋千和跳跃的环,还让她们活泼地玩耍,等她们稍微长大之后,便把她们送进健身学校去锻炼身体。

每个星期日的下午是伊伦娜和艾芙最愉快的时间。

"妈妈,轮胎的气打足了。"

"好,咱们走吧。"

于是,母女3人就骑着3部脚蹬车到郊外去游玩。艾芙唯恐落在妈妈和姐姐后头,便使劲地踏着。微风轻拂着出汗的额角。到了郊外,她们有时采野花,有时脱了鞋走进河的浅水里玩。

在明媚的阳光下,坐在绿草上和两个女儿吃点心。这该有多么快活呀!餐桌上的花瓶里插满了郊外采来的鲜花儿。爷爷在微笑着倾听两个孙女儿讲白天里郊游的事情。

对工作繁忙的居里夫人,这是最愉快的时光。她费尽心思要使孩子忘却没有父亲的寂寞,她认为体育游戏是最好的方法。

因此，无论居里夫人怎么繁忙，她也要想方设法地空出时间参加孩子们的游戏。暑期中，她领着她们到海滨去，教她们在波浪中游泳。因此，两个女孩子都很健康。

居里夫人竭力防止女儿们有忧伤的思想，防止她们在感觉上过度敏感，于是，她做出了一个令人震惊的决定，决定对两个女儿绝口不提他们的父亲。

首先是因为居里夫人自己还没有忍心想要在两个女儿的面前说起来这件事情，每当在谈话的时候，居里夫人总是用一些策略绕过那些曾经和她们的父亲有过的一些回忆。

居里夫人不觉得闭口不谈他们的父亲是对女儿们的一种抱歉。她宁愿女儿们没有表现高尚情绪的机会，也不愿意让她们沉浸在悲伤的气氛中。

在失去丈夫这几年悲伤的生活里，她还有一个最难能可贵的同盟，那就是老居里先生。皮埃尔的死对于老居里先生来说，简直就像是一场巨大的灾难，这个老人能在自身的严格的理性主义上汲取某种了不起的勇气来，这是居里夫人所不及的。

老居里先生的这种坚韧的平静，对居里夫人产生了很大的影响，老居里先生过正常人的生活，努力地和以前一样说话，一样欢笑。居里夫人在老居里先生面前时，觉得时间变得好过了起来。

老居里先生仍旧和居里夫人他们母女住在一起，这样也使得她开心，她的女儿们也很开心，老居里先生是她们游戏的伙伴，是她们很好的老师，这样使得两个孩子的童年变得美好了起来。

老居里先生教两个孩子物理学和植物学，他还以正确的方法来引导孩子们的智力活动，后来两个孩子对于现实的归附和对教条主义的反对，以及她们对政治的同情，都直接来源于老居里先生。

转眼间，皮埃尔去世已经经过了4年的岁月。居里夫人的生活好不容易平静下来的时候，又有一件不幸的事侵袭了这个家庭。

1910年2月，一场寒流袭击了巴黎，老居里先生病倒了，对幼小的伊伦娜和艾芙而言，老居里先生是一位最热心的家庭教师和最慈祥的朋友。在皮埃尔去世的几年里，对待居里夫人就像亲生女儿一样，默默地照顾着居里夫人的生活，并且给她工作上极大的支持，老居里先生的肺部已经充血，夜间咳嗽不止，还经常咳出鲜血。

玛丽虽然废寝忘食地照顾他，想方设法地使他开心。可是，风烛残年的老居里先生终究敌不过疾病的侵袭。不久，他就去世了。

两个总是和爷爷形影不离的孩子，在爷爷的灵柩上哭得泣不成声。

在苏镇居里家的墓地上又多了一个新坟。从前有这位老人的照应，玛丽可以放心继续在外做事，如今，却不能把一个家留给两个年幼的孩子看守。

居里夫人决定搬家，她在圣路易岛上买下了一套公寓，那里的环境比较安静，两个孩子也很喜欢那里，现在居里夫人要一个人来抚育两个孩子了，她对于孩子们的教育十分重视。

在波兰的哥哥、姐姐们经常挂念着玛丽并设法来帮助她，尤其是二姐海拉，更是常来照顾两个孩子。

居里夫人绝不像那些失去父亲而特别宠爱小孩子的母亲。有时候孩子们不守规矩，她虽然不会打她们，可是，却常常一两天不肯跟她们交谈一句话。孩子们也受不了这种处罚，不得不向妈妈道歉。其实，这种方式的处罚，真正受苦的倒不是孩子，而是居里夫人本人。

在丈夫皮埃尔去世以后，居里夫人开始一个人担负起抚养孩子的重担。当时她经济拮据，还得补贴一部分钱用于科研。有人建议她卖掉与皮埃尔在实验室里分离出的镭，这在当时价值100万法郎。居里夫人不同意，她认为：不管今后的生活如何困难，绝不能卖掉科研成果。为了让女儿从小树立勤俭朴素、不贪图荣华富贵的思想，居里夫人毅然将镭献给了实验室，把它用于研究工作。

后来，居里夫人带着两个女儿赴美国接受总统赠送给她的1克镭时，也同样告诫女儿："镭必须属于科学，不属于个人。"对待事业，居里夫人有着崇高的献身精神，对待孩子，她也是这样要求的。

在和女儿谈到爱情这个问题时，她引用法国作家的话说："爱情并不是一种高尚的情感。"她还说："如果一个人把生活兴趣全部建立在像爱情那样暴风雨般的感情冲动上，是会令人失望的。"

再次攀登科学的高峰

大学当局决定由居里夫人接替皮埃尔空出来的位置,讲授大学课程,虽说是代授,这仍然是法国有史以来没有先例的事情,而没有先例的事情总会遭到一部分守旧势力的反对。从古到今概莫能外。

现在,居里夫人的升迁,引起了一些人强烈的反对,认为大学当局的决定极端荒谬,他们拿出祖宗的成法和惯例等一些貌似强大的棍棒,向当局进行多方威胁。

甚至有人还心怀恶意地散布一种说法:皮埃尔是这位著名的遗孀过去能做出创造性工作唯一的原因。"等着瞧吧,用不了两年的时间,这位夫人就会像影子一样消失在大学讲台上!"

不过,这些人总算没有公开这么讲,他们多少还有点良知,不愿意进一步伤害遭到巨大不幸、心神俱疲的居里夫人。而且,镭这个魔鬼般的元素,也使那些本来想大声疾呼的人不得不少安毋躁。

居里夫人走上索尔本大学讲台,这件事不仅仅是科学家、教授们关心的事,而且也是巴黎市民十分感兴趣的事。当时巴黎的许多报纸都刊登了这件事。

《新闻报》上报道说：

居里夫人，不幸去世的著名学者的遗孀，已正式受聘继任她丈夫在索尔本的教席，将于1906年11月3日13时30分第一次授课。

居里夫人在开始的一课中，将阐述关于气体中离子的学说，并探讨放射性现象。

居里夫人将在一个阶梯教室里上课，然而这些教室都只有120个座位，其中大多数将为学生们占去。大众和新闻界虽然也有听讲的权利，但至多只能分到20个座位！考虑到这是索尔本历史上仅有的情形，为什么不能背离一下规章，让居里夫人到更大一些的阶梯教室里去上第一次课呢？

看了这则报道，我们也许要为法国公众和舆论对科学界的关心而感到惊讶！

1891年11月3日，星期一，是15年前玛丽第一次走进索尔本课堂听讲的一天，那时她是刚从波兰来的穷学生，为能最终走进向往已久的科学殿堂而激动得一颗心狂跳不止。15年后的今天，居里夫人将以诺贝尔奖获得者的身份，在同一个阶梯教室里，开法国高等教育之先例，为大学生们讲授大学课程。真是沧海桑田啊！

尽管通告上已经讲明是13时30分上课，但正午就有人拥到大学理学院阶梯教室门口等候。13时整，小小的阶梯教室已经座无虚席。

人们如果扫视一下整个教室，将会惊讶地发现，听课的人中有科学院的成员，有各科学团体的代表和各界知名人士。还有许多是根本听不懂讲课的贵妇、艺术家、新闻记者、波兰移民，而那些来听课的大学生则满脸怒气地瞪着这莫名其妙的吵吵嚷嚷的课堂，为自己没占到座位而嘟嘟哝哝。

那些从女子高师来为她们的老师和为法国历史上破天荒的历史行动助阵的女大学生们，则只好自认倒霉地站在走道和最后面的空处。

人们好奇地悄悄议论："居里夫人会穿丧服上讲台吗？""她会怎么讲她的头几句话呢？会表示感谢吗？""肯定要对她的已故丈夫讲几句赞美词，这是毫无疑问的……"

13时20分，理学院院长阿佩尔站起来向大家宣布：根据居里夫人的愿望，既不需要就职仪式，也不发表颂词。

13时30分，身着黑色外套的居里夫人从侧门步入讲台。

挤满教室的人激动地鼓起掌来，向她表示最深切的敬意。这位柔弱的夫人还带着明显的忧愁和哀伤，只是轻轻地点了一下头，算是感谢大家的抬爱。掌声突然停止了，某种神秘的、高尚得连自己也会惊奇的情绪，使前排那些花枝招展的贵妇和正襟危坐的名流们悄然无声地倾听居里夫人的开场白。整个教室静得连针落地的声音都可以听见。

居里夫人把讲义放到讲台上，又摸出怀表，她轻轻地抚摸它，似乎在感觉什么。

居里夫人用一种声调不高但穿透力颇强的声音，开始了这具有历史意义的演讲：

"当我们考虑到近10年来物理学所取得的进步时，我们将不得不对电和物质方面的新思想表示惊叹。"

听众们十分惊讶,大家原以为她一定会从赞扬她已故丈夫的工作开始,但她却对可能会引起人们同情的往事只字不提,她只是正好从皮埃尔上次讲完的地方接着往下讲。她讲得从容不迫,纯熟的法语里夹着一点波兰口音。她没有雄辩家那种阵阵爆发式的热情,她像一个冷静的精灵,一个探索科学真理的化身。那些一直听皮埃尔课程的学生,听见居里夫人的开场白,不禁鼻子发酸,眼泪悄悄地流到双颊上,也许只有他们能够理解居里夫人内心深处隐藏着的深沉哀痛。

当讲课结束时,教室内响起了经久不息的热烈掌声,连大门外许多不能入场的听众,都可以清楚地听见这掌声。

那个女学者以同样坚定而且差不多单调的声音,把那一天的课一直讲完。她讲到关于电气结构、原子蜕变、放射物质的新学说。她毫不畏缩地做完这种枯燥的说明,最后由那个小门退去,像进来的时候一样地快。

在波兰的约瑟夫和布罗妮娅比任何人都更急切地等待着这个具有历史意义的讲课的报道;还有那年迈的门捷列夫因肺部感染正经受着死亡的威胁,当居里夫人讲课成功的消息传到彼得堡时,他欢欣地笑了。

虽然第一次讲课很多来宾都听不懂居里夫人讲些什么,但他们也许因为受到她那圣母般的光辉的影响,都一致认为她的讲课大获成功!

而学术界守旧的人仍然心怀嫉妒地说一些悄悄话:传统、灵悟、科学和妇女等,似乎一个居里夫人会扰乱整个科学界一样。他们仍然不相信居里夫人的能力。居里夫人也耳闻一些含含糊糊的谣言,但她守口如瓶,不予理睬。她的事业还远远没有完成,她没有时间也没有任何精力和必要去为此争个水落石出，事实将是最好的裁判。

她真正要认真对待的是开尔文勋爵的反对意见。开尔文勋爵曾情笃意深地由英国赶到巴黎为皮埃尔送葬，他对居里夫人周到的关怀让人感动，但这位在学术上颇有建树却保守固执的老人，直言不讳地对居里夫人说："镭绝不可能是一种元素。"

开尔文勋爵可不是随意说着玩的，他对放射性现象和放射性元素的正确理论一直持反对态度，10多年来从未改变过。

的确如此！当卢瑟福开始对放射性现象和它的规律作出正确解释时，开尔文立即坚决反对把放射性现象解释为元素自身的衰变，他认为放射性元素释放出的能量，是该元素从一种"以太波"中吸收的能量，然后又释放出来，所以它只不过是起一种能量转换器的作用罢了。

开尔文是英国一位德高望重的科学家，他对热力学的创建和发展起了至关重要的作用，我们所熟知的"开氏温标 K"，就是为了纪念这位科学伟人的功绩而设立的一种温度单位。

他的反对，对卢瑟福来说是一件很严重的事，卢瑟福曾因此一度为自己的职位和名誉忧心忡忡。

尽管居里夫妇在 1903 年 6 月以后表示同意卢瑟福的放射性衰变理论，但开尔文仍然固执己见。

他指出，镭很可能是由铅和氦的原子核组成的一种分子化合物。他的这一假设，不仅否定了居里夫人关于镭的发现，而且对卢瑟福和索迪两人有关原子能的思想也是一种彻底否定。

1906 年夏天，一场激烈的争辩在英国《泰晤士报》上展开了，许多科学界和非科学界的名流都卷入进去了；后来，连英国最负盛名的科学期刊《自然》杂志也卷入了这场争论。

主要是讨论关于太阳的年龄问题，这个问题与镭元素的存在和放射性衰变理论有着密切关系。

19世纪末，开尔文和其他一些物理学家根据热力学理论，推算出地球的年龄为2400万年，他还推断，如果太阳的能量来自于引力的作用，则太阳的年龄差不多也是2000万年。

但地质学家的估算值为9000万年或上亿年。后来，由于居里夫妇在1902年分离出镭之后，大家普遍认为开尔文对地球年龄的估算值太小了。因为居里夫妇的工作业已表明，单是地壳中的镭就能够产生足够的热量，这热量比地球辐射到空间的热量多得多。这样，开尔文的估算就完全不合理了。后来，卢瑟福声明：利用放射性衰变等实验数据，可以推算地球的年龄为5亿年，大大超过开尔文的估计值。

1905年2月，卢瑟福发表《镭——球热的原因》一文，他根据在太阳上发现氦气而推论太阳上也存在着放射性现象，又根据物质由电子组成的理论，推断出重元素在衰变时会释放出巨大的能量。卢瑟福由此写道：

> 如果原子能在太阳中的存储可以利用，并且如果原有元素在衰变中放出像镭一样多的热量，而且这些热量可以利用的话，那么它们就足以维持太阳释放能量50亿年。而未来太阳热的释放时间将是开尔文所估计的100倍。

开尔文对卢瑟福的理论十分恼火，并且持断然反对的态度；对居里夫人认为镭是一种元素的结论，也毫不通融。他坚持认为，镭是一种由铅和5个氦原子组成的化合物，它所释放的能量来自于它长期从以太波中吸收的能量。因此,太阳的年龄只能根据在引力作用下的收缩理论进行计算。

居里夫人似乎并不愿意介入报纸上的这场争论,她以高傲的口气说:"我看不出击败开尔文勋爵的理论会给我们带来什么好处。"

她的意思是说试图靠争论说服对手是毫无希望的,唯有在实验室里提炼出镭,不是镭盐粉末,而是金属镭!而要想做到这一点,除居里夫人外再无别人。

居里夫人决心以自己的实验结果来击败开尔文的否定,并在公众面前证实自己的科学研究能力。她又一次要攀登科学高峰了,这次是她一个人。她将在孤独一人的奋战中,证实自己,获得再次的辉煌。

到1907年,她又提炼出400毫克的氯化镭,并再次确定了镭的原子量。

她在这一年发表的《论镭的原子量》一文中写道:

> 1902年,我发表了用90毫克氯化镭对镭的原子量进行测量的结果。从那时起到现在,从多次矿石处理中又得到数百毫克看来很纯的镭盐。我做了纯化它的工作之后,获得了400毫克很纯的镭盐,这样,便在比上次好得多的条件下,对镭的原子量重新进行了测量。

在文章结尾处,居里夫人没有忘记奥地利政府和维也纳科学院对她的帮助。她写道:

> 在我们研究放射性物质的最初几年中,许多人帮助了

我们，这次能够制成较多的镭盐，大部分也靠人们的帮助。

我们特别需要的是最好的镭矿，生产的沥青铀矿提取铀以后的残渣，经维也纳科学院建议，奥地利政府同意我们购买10吨，由罗兹希尔德男爵付款。

1910年，居里夫人终于胜利地提炼出了纯金属镭元素。这样就不仅可以更加精确地测定出该元素的各项物理、化学性质，进而整理出放射性元素蜕变的系统关系，而且让那些怀疑镭是否是一种元素的人和怀疑她能力的人从此无话可说。

这一年，居里夫人的成就达到了她个人事业的顶峰。她发表了《论镭放射性系数的测定》《论金属镭》等四篇论文。另外，她的两卷本专著《论放射性》也在这年由法国著名的Gauhier Vllars出版公司出版了。

这年9月份，在比利时的布鲁塞尔举行了一次国际放射性学术会议。在这次会议召开之前，居里夫人和卢瑟福为镭的标准通过信，居里夫人还答应送给卢瑟福一个专门为他制备的特殊标准。居里夫人还在信中表示，她希望见到他，如果他也参加布鲁塞尔的会议，那就有机会当面讨论一些问题。自这次通信以后，他们一直保持着通信联系，直到1933年她去世为止。

卢瑟福和居里夫人都参加了这次会议，参加这次会议的还有佩兰、德比尔纳、哈恩、索迪、伊夫、梅耶、玻特伍德、斯威德勒等著名科学家。这次会议的重要任务之一就是要为放射性强度确定一个国际通用的标准单位。

与会者大都同意应该由居里夫人确定这一计量单位，因为她是这方面不可动摇的权威。有人建议将放射性强度的国际标准单位定为"居里",居里夫人慨然赞同。她认为可以用这种形式来纪念皮埃尔,当然也包括她本人在这方面所做的贡献。

人们问:"这个计量单位究竟该怎么定义呢?"

居里夫人说:"应该是1克镭所放射出的相应气体。"

这个定义太含糊。人们纷纷提出询问和意见。但居里夫人却突然声称,她拒绝参加讨论,还断然离开了会场,后来她又借伤风感冒不参加闭幕时举行的庆祝宴会。

幸亏有卢瑟福和佩兰出面,说服了这些不满意的科学家,让他们相信居里夫人的确是身体不好。卢瑟福很同情居里夫人,他在会议结束后的10月14日写信给他的妈妈时说:

> 居里夫人显得分外苍白憔悴,疲劳过度,看上去比她的实际年龄老得多。她工作得太勤奋,结果损害了身体。总之,看到她这副样子真叫人感到难过。

正因为卢瑟福敬重她,又同情她,所以卢瑟福和居里夫人相处得很好,每当居里夫人开始不耐烦而拒绝讨论时,卢瑟福总能说服同行们不要生气,不要急躁;他也能说服居里夫人接受同行们正确的意见和批评。

这样,会议结束时,大家既采纳了她的定义,又增加了许多明确的界定,使其不产生歧义。

卢瑟福的豁达和耐心,还说服了居里夫人,使居里夫人终于明白,一种国际计量标准不能够只留在她的实验室里。她终于同意拿出她提炼的21毫克纯金属镭封存入一支玻璃试管,然后郑重地送往在巴黎附近赛福尔国际度量衡标准局。这就是后来通用的计量标准。

坚定自己的人生信念

1911年对于居里夫人来说，是一个大喜之年，但也是大悲之年。这一年她所经历的大起大落，足以让小说家写出一本动人的畅销小说。

居里夫人在很长一段时期里持有与皮埃尔相同的态度，即对于申请为法国科学院院士持谨慎态度，她尤其不愿意因为申请院士候选人而去逐个地拜访在巴黎的院士。因此，她在1910年以前从来没有打算去申请为院士候选人。

居里夫人的荣誉头衔够多的了，在1910年以前她已经获得了22个名誉头衔，其中包括6个国外科学院的院士，如瑞典皇家科学院、圣彼得堡帝国科学院等，她并不在意多一个或少一个名誉头衔。

但到了1910年底，居里夫人在彭加勒、李普曼和佩兰等法国最著名的科学家的竭力怂恿下，出乎一般人意料之外地决定申请为法国科学院院士的候选人，争取成为院士。她这么决定，想必是她已经毫不怀疑会当选。

想一想：《论放射性》这样的权威性专著出版了，国际放射性会议也已决定将"居里"作为放射性强度的单位；纯金属镭由她单独提炼出来了。再加之同行们不绝于耳的颂扬，这些都使得居里夫人和她的朋友及助手们相信：只要她申请，就肯定会当选。

法国传记作家吉鲁曾说："她第一次表现出自以为是。"那就是指"居里夫人完全够格当选为法国科学院院士"。的确，以她的贡献、学术成就和国际上的威望，她当选院士绰绰有余。

居里夫人所没有估计到的是在选举科学院院士时，还有许多非科学因素在起作用。她大概永远也不会明白，真才实学有时也会成为一种不利的条件，虽然不会必然如此。

著名法国生物学家卢克·蒙达尼耶曾说过一句俏皮话："我们法国，是一个非常讲究平等的国家。枪打出头鸟。我就是个活靶子，不仅仅因为我在科学领域获得的成功，还因为我在新闻媒介引人注目。"

居里夫人正好符合了蒙达尼耶提到的两个条件：成就和新闻人物。1903年她已经当过一次特大新闻人物，这一次为了竞选院士，她又一度成为公众关注的新闻人物。而且在这年的11月份，更成了一件轰动一时的可耻阴谋的中心人物。

法国最畅销的大报《费加罗报》在1910年11月16日一期上，迅速宣扬居里夫人的竞选。

《至上报》号召读者对哪些女性有资格进入科学院进行民意调查。投居里夫人票的人很多，但首位不是她，是一位法国著名女作家。当时的《时报》也不甘落后。

面对这如潮般的宣传，居里夫人感到十分不安，她写信给《时报》编辑部，证实自己的确加入了院士的竞选。但由于学院的选举从未进行过公开的讨论，如果这一惯例由于她加入竞选而被改变，那将令她感到非常不安。

在一片赞扬声的下面，暗暗汹涌着一股反对居里夫人当选的势力，为首的反对者是院士阿玛伽门，他率领一群老态龙钟的院士们为捍卫科学院的纯洁性而大肆攻击居里夫人以及妇女加入竞选一事。说："无论是哪一位女人，哪怕是居里夫人，都绝不能进入科学的圣殿，即科学院！"

还有一些人格卑劣的人则在民众间散布流言蜚语，不负责任地说："居里夫人是犹太人。"当时法国有一股右派势力正在发展，它们的主要表现是军国主义狂热、教权主义和反犹太主义的倾向。

居里夫人恐怕做梦也没有想到，竞选院士竟然扯到女性和民族问题上去了！

开始的竞选形势对居里夫人还很有利，她击败了一位候选人，看来胜利在望。但在这关键时刻，选举的形势在暗暗转变，她的下一个对手是发明无线电报的布朗利。

法国人认为他应该获得诺贝尔奖，为法兰西共和国争得一份光荣，但由于某些不公正的原因却没得到，这曾经使法国人感到十分愤怒。

现在，反对居里夫人的人利用人们的这一情绪，操纵舆论，大谈爱国主义和外来的干涉，以此拥护布朗利当选，反对居里夫人当选。

"居里夫人干了些什么，竟敢与布朗利争夺院士这一崇高荣誉？她是一个波兰人，只不过是嫁给了皮埃尔·居里才会有今天的成就，她获诺贝尔奖的功劳应该完全归功于皮埃尔！"

"她在姓居里以前姓什么？姓斯克沃多夫斯基，多么古怪的姓！也许她的祖先中有犹太人的血统吧？这些人侵入了我们法国！"

居里夫人对这些蝇蝇之语，从来都是高傲地不予理睬，也许认为这些上不了桌面的玩意儿是成不了气候的。她的同事和朋友们也轻视了这些邪恶势力的能量。她仍然按部就班地在半个月里拜访了58位院士。

当居里夫人在她的实验室办公室里通过电话得知布朗利当选这一消息时，她感到意外，也感到痛心，但她一言不发，不作任何评论。难道还需要评论吗？她把这一消息告诉实验室的同事们，他们更加感到意外。

居里夫人从此再也不愿提出任何类似的申请，再也不愿意为这些无聊的争论伤害自己以及朋友和同事。

1961年，丹麦著名物理学家玻尔曾在该年度举行的第十二届索尔维会议上讲到1911年第一届会议的情形。他说："会上的讨论由洛伦兹的一次精彩演讲开始，普朗克自己对于引导他发现了作用量子的论证进行了说明，在会上的最后一次报告中，爱因斯坦总结了量子概念的很多应用，并且特别处理了他在低温下比热反常性的解释中所用的基本论证。"

那次会议在讨论量子论时，由于大多数科学家的不理解，反对的意见很强烈，讨论到爱因斯坦的"光子理论"，连提出量子论的普朗克本人都有非议。所以，大会简直像耶路撒冷废墟上的悲哀。

但居里夫人却十分支持爱因斯坦。当时爱因斯坦刚当上布拉格大学的教授，但格罗斯曼和赞格尔等一些人就已开始想方设法把他弄到苏黎世的理工学院任教，他们向一些关键人物提出请求，征求对爱因斯坦的意见。

就在会议快要结束的时候，法国报纸上却突然发生了对居里夫人恶毒毁谤的事件。这一天，法国的《新闻报》突然登出一条轰动而且特别有煽动性的文章,文章的题目是"居里夫人和朗之万教授的爱情故事"。

这位叫豪塞尔的记者是在采访了朗之万教授的岳母后写下这段奇文的。一开始它就有一种不怀好意的煽动性,那些刻薄话不乏造谣和无理的猜度,别有用心的含沙射影和小街巷里的流言蜚语。

朗之万是一位很有作为的人,他在科学研究中取得了丰硕的成果,并于1929年被选为苏联科学院院士,1934年选为法国科学院院士。

皮埃尔是朗之万的老师,皮埃尔去世以后,他出于同情和尊重,常常帮助居里夫人,彼此之间的感情确也超过一般人之间的关系,但这只是一种相互敬重、相互爱慕的高尚情谊。他们早就听到过各种各样的流言蜚语,但他们并没有把这些放在心上。

朗之万的妻子却抓住这件事,经常跟朗之万吵个没完没了。朗之万已实在无法忍受妻子无理的折磨和岳母尖刻的责难,他变得越来越神经质,经常无端地感到心情紧张。

1910年7月,朗之万在大家的劝说下,离开了妻子,在巴黎租下一套房间,一个人单独过日子,但仍然没有离婚。

结果,这种不果断和不明智的做法,给了一些专在鸡蛋里挑骨头的新闻记者以可乘之机。于是在"他们两人到哪儿去了"的可笑猜疑中,爆发了这场可耻的桃色新闻事件。在巴黎找不到他们,一些人以为两人私奔了。

其实,此时他们两人正在世界最高级别的科学会议上发表意见。居里夫人在布鲁塞尔知道这件事情以后,愤怒地宣布:"这是诽谤!"

彭加勒和佩兰宣称:"对于报纸上对我们同行和朋友的不实之词,感到惊讶和气愤!"

卢瑟福气愤地说:"真正无聊至极!"

居里夫人决定不出席闭幕式,瞒着记者赶回巴黎。回到巴黎后,她立即在《时代》上发表声明:

> 我认为,报界和公众对我个人生活的所有侵犯都是极端恶劣的行为。因此我将采取强有力的行动,反对刊载与我有关的文章。同时,我有权要求一笔高额赔偿,这笔钱将用于科学事业。

在居里夫人义正词严的驳斥下,那位《新闻报》最先挑起事端的豪塞尔自知理屈词穷,急忙写信向她道歉,她把他写的信寄到《时代》上刊登出来。

后来,在政府有关部门和科学界著名科学家的干预下,这件事在原则上被平息下去了。但小报却不管这一套,巴黎的小市民最喜欢的就是这种流言蜚语,就是这种能刺激人想象力的桃色新闻,于是一些无聊的文人墨客硬把这件新闻炒得越来越邪乎,越来越离谱。

荣获诺贝尔化学奖

一生之中能够两度荣获世界最有名的诺贝尔奖,这是多么大的荣誉,这前所未有的例子,恐怕在日后也很少会有的。失去了丈夫,养育着两个幼女,在简陋的实验室中挥汗工作了4年,如今得到了补偿。

由于操劳过度,居里夫人已经病倒了好几次。因为她是一位女子,法国学士院对她很不友好。

1911年11月7日,居里夫人收到一封电报:

您将获得本年度诺贝尔化学奖。信随后寄来。

欧利维理乌斯

这时,居里夫人身体状况很糟糕,她内心的委屈和愤怒,已经使她承受不下去了。但她决定这次一定要按时到斯德哥尔摩去受奖和作演讲。

12月上旬,瑞典政府和科学院再次向这位杰出的女性表示他们最崇高的敬意。

10日，授奖仪式按时在音乐厅举行。瑞典皇家科学院院长达尔格伦博士在授奖辞中尊敬地指出：

> 镭和钋的发现扩展了我们的化学知识，以及我们对自然界物质的了解。导致科学的一个新分支的诞生，即放射学的诞生。
>
> 镭的发现，首先对于化学，接着对人类知识的许多其他分支和人类活动都有巨大的意义。有鉴于此，皇家科学院有理由认为，应当将诺贝尔奖授予两位发现者中的唯一幸存者：玛丽·斯克沃多夫斯卡·居里夫人。
>
> 今年，皇家科学院决定授予您化学奖，以表示对您为这门新学科付出巨大劳动的赞赏。您发现了镭和钋，您描述了镭的特性和它的分离，您研究了这一著名元素的化合物。
>
> 在诺贝尔奖颁发的11个年头里，这是第一次将此殊荣赐给以前的获奖者。

许多国外科学家对居里夫人在法国受到不公正的对待而愤愤不平：一位获得过诺贝尔奖的科学家，一位创建了一个科学分支的"镭之母"，竟然连一个法国科学院的院士都当不上，真是滑天下之大稽、荒唐至极！

在瑞典政府和科学院举行的授奖仪式上，居里夫人当然也非常感谢瑞典科学院赋予她的无上荣光。身着朴素服装的居里夫人在她的诺贝尔演讲词中，除了对瑞典科学院表示了由衷的感谢以外，还赞扬了贝克勒尔和卢瑟福的贡献。

提到卢瑟福时，居里夫人以尊敬的语气说：

> 一大批一往无前的科学家献身于放射性的研究，请允许我向你们提及其中的一位。他通过准确的判断，想象力丰富的假说，和他与他的学生们所完成的许多研究，已经不仅成功地增长了我们的知识，而且还对它进行了非常清晰的分类。他通过一个适合于对现象进行研究的十分精确的理论形式，为这门新科学提供了一个主干。

她提及的正是卢瑟福。卢瑟福1908年就"因为研究放射性物质及对原子科学的贡献"而获得诺贝尔化学奖。

在演讲中，居里夫人为了驳斥法国科学界某些别有用心的人的歪曲，说她把皮埃尔的功劳据为己有，因此，她毫不含糊地把自己单独做出的贡献明确地指出来。"离析纯镭盐以及把镭断定为一种新元素的化学工作，主要是由我来完成的。"

她还谈到了"由我命名的放射性元素"，以及许多"我应用这个方法测量了""这样我发现""我坚持认为""我测量了"这种毫无歧义的提法。如果以为居里夫人这样过多地强调"我""我个人"似乎不够谦虚，那就大谬了！对于法国科学界不少人肆无忌惮地侵犯她个人的权利，她自当义无反顾地予以驳斥。这也是一种勇敢精神。如果一味地在恶势力面前"谦虚"，那恐怕只能称为"虚伪"和"怯懦"。

居里夫人的演讲，有理有利有节，既驳斥了一些无耻之徒的恶意中伤，又表示了她对已逝丈夫的尊敬和怀念。

从斯德哥尔摩回到巴黎后，居里夫人感到极度疲惫，她想安安静静地休息，想隐姓埋名地把自己同外界隔离开来。但她没有做到这一点。

她原指望因为再次荣获诺贝尔奖会让法国人冷静一下，明白他们在做多么愚蠢和忘恩负义的事！

但自由惯了的法国人仍然可以绝对自由、毫无顾忌地向一位病弱的、高尚的女性泼去污水，他们不愿意仔细分析其中的因果关系，只希望从中得到一种低级趣味的满足和轰动而刺激的效应，让那些空虚的灵魂获得短暂的充实。

小报上的语言越来越放肆、刁钻、刻薄，当然也绝对地无聊。居里夫人痛苦到了无法承受的地步，她终于倒下了。12月29日，那天正好是一个黑色的星期五，居里夫人突然晕倒，人事不知地被抬进了医院。一位为法国争来巨大荣誉的女性，一位无上荣光的女性科学家，大有被污垢吞食的可能！人言可畏、众口铄金啊！

在医院里，居里夫人几乎预感自己一定会死去。但是，她却奇迹般地活过来了。这是因为她的倒下终于惊动了善良的人们，他们的安慰和鼓励，尤其是皮埃尔的哥哥雅克的安慰对玛丽来说至关重要。

经过两个月的挣扎，居里夫人战胜了疾病，但是她的肾脏有严重的病变，必须马上做手术，居里夫人极度虚弱，经过医生的诊治之后，还是要把手术向后推迟。

当污水不分东南西北地向她泼来时，居里夫人心中有一片抹不去的阴影在扩大，在残酷地折磨着她：由于她的"过失"，她给居里这个家族的名誉带来了损害，她感到对不起公公、皮埃尔和雅克。但雅克的几句话干脆利落地卸下了她心头的重负，驱散了她心头那一片可怕的阴影。

雅克对玛丽说："已经成了这个样子你还忍着,我非常担心的是在这场完全是人格侮辱的中伤事件中,你怎样才能挺住!如果你因此而使身体遭到不测后果,我绝不答应!绝不!对那些卑鄙无耻之流,只能回击,不能一味地忍让。"

雅克对她的信任,使她非常欣慰,病也似乎减轻了一大半。医院的医生也对她给予了善良的忠告:"居里夫人,您的身体不仅是一个国家的,应该想到是属于全世界的。您不必理睬那些无聊的中伤。这个医院的医生、职工都是您的朋友,您尽管安心养病吧。"

居里夫人在这种亲切和善良的氛围中,加之医护人员的精心护理,身体逐渐好转。1912年1月底,她虽然还不能站立起来,但可以出院了。她决定搬到新家去住,闭门不出。她精神上的隐痛,不是一下就能消除得了的。对于那些卑鄙下流的好奇心,她从此心怀怵惕。

一项伟大的发现,就这样带着无尽的荣耀传遍了整个世界,两次诺贝尔奖的获得,让当时许许多多的人羡慕居里夫人,也正是因为如此也使许多人仇视她。恶毒的话语像一阵突如其来的狂风一样扑到居里夫人的身上,并且想要试图毁灭她。

居里夫人由于工作过于劳累已经筋疲力尽。居里夫人在科学事业上一直从事着男子的工作,所以她的朋友,她的心腹,就都是男子。她对于她的男性密友,有着很深的影响,因此有人出言不逊,无事生非地责备这个。有人言语不逊地说她破坏家庭,侮辱了她的辉煌的姓名。

那些羞辱过居里夫人的一些人来求她的宽恕,说了许多表示对当时的所作所为非常懊悔的话,流着眼泪请求原谅。一旦有机会贬抑这个杰出的人物，或拒绝给她一种头衔、一种奖赏、一种荣誉时，有人就卑鄙地提出她的国籍来非难，轮流说她是俄国人、德国人、犹太人、波兰人，说她是一个到巴黎来做篡夺者的"外国女子"，说她想用不正当的手段夺取崇高的地位。

但是，每逢居里夫人的天赋给科学增加了光荣，每逢别的国家热烈欢迎她，并且给她空前的称赞时，在同样一些报纸上和同样一些作者的笔下，她立刻变成了另外的一种说法"法兰西的女大使"等之类的。而全不提起她那引以为自豪的波兰国籍，这也是一样地不公平。

有些人总想在天才的光环之下找到有缺点的人，因此伟大人物常受他们的攻击。如果没有荣誉这种可怕的磁石给她吸引同情和憎恨，居里夫人绝不会受批评或诬谤。

正当居里夫人在逐渐康复的时候，一个来自波兰出乎意料的建议在她心里掀起了一阵不小的波澜，使她心潮澎湃，不能自已。

那是1912年5月，一个波兰教授代表团来到巴黎，他们给居里夫人带来了波兰伟大作家显克维奇的一封信。显克维奇是波兰人民的骄傲，他于1905年因为在历史小说写作上的卓越成就而获诺贝尔文学奖。他的《火与剑》《洪流》《伏沃迪约夫斯基先生》等著名长篇小说，已是世界文学宝库中的瑰宝。

显克维奇在受奖那天作的演讲，陈述了每一个波兰人的心声："诺贝尔奖这一荣誉对所有国家来说都是极其值得珍视的，而对波兰人尤其如此。有人传言波兰已经消亡，国力荡尽，以致处于被奴役的地位，但如今证明波兰依然存在，而且获得了光荣的胜利。"

现在，显克维奇又以饱满的热情写信给从未谋过面的居里夫人：

最尊敬的夫人：

我们的人民都敬仰您，更希望您到这里来工作，到您的祖国来工作。这是全国人民的热烈希望。有您在华沙，我们就会觉得力量大了许多，我们因种种不幸而低下去的头，就可以抬起来。

但愿我们的请求能够得到满足。请您不要拒绝我们向您伸出的手。

显克维奇

居里夫人满可以负气地离开法国，让那些忘恩负义的法国人看看，也好出出心头的恶气。而且，青少年时代的爱国热情、自由流动大学的秘密和激动人心的暗地活动，向俄国人立的纪念碑吐痰，还有西科尔斯卡校长。这一切的一切都使居里夫人产生归国之心。

但是，她这时已经45岁，而且身体非常糟糕，如果现在真的回波兰去，她的身体能承受得了那儿工作启动时种种困难带来的压力吗？还有，而且是非常关键的一点，她和皮埃尔曾经期盼多年的实验室现在终于达成协议，很快就会破土动工，如果这时离去，10多年的努力又将毁于一旦。而且她也明白，她自己不仅仅属于波兰，她应该属于全世界。

巴斯德研究院早就希望能够和居里夫人合作，但索尔本大学岂肯轻易放走居里夫人？最后两个机构同意双方共同投资建立一所"镭研究所"。这个研究所包括两个部门：一个部门由居里夫人领导，致力于物理和化学的研究；另一个部门由雷戈博士领导，致力于医学和生物学的研究。

1913年，居里夫人回到华沙去参见放射学实验室落成典礼，她的身体依旧不舒服,居里夫人的祖国给了她热烈的欢迎。

居里夫人写信给一个同事,是这样说的:

在我离开这个地方之前,我要在可能的范围内尽力地做出大的贡献。我已经在这周做过一次公开的讲演了。我还参加了许多种的聚会,并且现在还有一些需要参加。这个曾经被统治者野蛮地踩躏过的国家,的确曾经用了不少的方法来保卫它的道德生活。压迫的力量总有一天会退去的,一定要坚持到那个时候。

这里是与我童年和青年时代的回忆有关的地方,我重新回去看了一遍,去看了河流和墓地,那些都是既开心又悲伤的,但是我无法制止自己不去看它。

1912年8月,居里夫人的病还没有痊愈,她已经迫不及待地要回到实验室工作。

离开了工作,她的生命似乎就失去了存在的价值。尤其在朗之万事件之后,她几乎决意要将自己锁进实验室。这一年,她在《物理学杂志》上发表了论文《放射性的测量和镭的计量单位》。

与爱因斯坦的友谊

　　1913年夏天，居里夫人身体逐渐好转，她决定带上两个女儿到瑞士东部地区安卡丁去作徒步旅行，顺便去会会不久前调到苏黎世联邦理工学院任教的爱因斯坦。

　　几年来，居里夫人和爱因斯坦之间有极好的友谊，他们彼此钦佩，他们的友谊是坦白而且忠实的。他们在一起的时候，有时候讲德语，有时候讲法语，他们喜欢不断地讨论物理学原理。

　　居里夫人的女儿们在前面跑着做着先锋，这次的旅行使她们高兴极了，爱说话的爱因斯坦变得精神焕发，并且和居里夫人一起探讨着在他心里一直萦绕着的一些理论，而居里夫人有着极其丰富的数学知识，是在欧洲极少了解爱因斯坦的人之一。

　　庆祝仪式在工农业博物馆举行，22年前的玛丽正是在这儿走上了通向科学殿堂之路。俄国统治当局不敢对举世闻名的居里夫人说三道四，只好睁一只眼闭一只眼地佯装不知。当居里夫人出现在主席台上时，整个大厅的欢呼声、掌声久久不息，人们为波兰出现了如此伟大的人物而热泪盈眶。居里夫人在台上用波兰语作了鼓舞人心的讲话。

1913年,正是爱因斯坦在紧张思考广义相对论中的"等效原理"的时期。爱因斯坦曾经生动回忆过他的思考过程:

> 1907年的某一天,我正在泊尔尼专利局的一张椅子上坐着,一个想法突然袭上心头:如果一个人自由落下,他将不会感到自己的重量。我不禁大吃一惊,这个极简单的想法给了我深刻难忘的印象,并把我引向了引力理论。

的确如此,再过两年,爱因斯坦的广义相对论就是建立在与这个坠落有关的等效原理和另一个叫"相对性原理"两个原理基础之上。

爱因斯坦在与居里夫人的谈话中惊讶地发现,居里夫人的理论物理水平非常之高,她几乎总能领悟他最近关于广义相对论的研究。

居里夫人感到振奋,她终于能在公众场合用波兰语发言。同胞们为此高呼"居里夫人万岁"!

接下来她又参加了许多团体的活动,华沙人为能够见到波兰人的骄傲和镭之母居里夫人而激动万分。

有一次在妇女团体的招待会上,居里夫人突然看见一位满头白发的妇女坐在前排。她愣住了:我认得她,居里夫人的大脑飞速地检索着自己的记忆库,最后定格了:"啊,是西科尔斯卡校长!"

她立即站起来向满头白发的西科尔斯卡校长走去。到了她的面前,居里夫人深深地鞠了一躬:"西科尔斯卡校长,您好!"

"你还记得我,玛丽?"

"我怎么会忘记我敬爱的老师呢？您是我的恩师呀。"

玛丽拥抱着老师，热情地吻了吻这位满脸皱纹的恩师的脸。西科尔斯卡已是满脸泪水，泣不成声了。作为一位教师，最大的喜悦大概也就莫过于此了。玛丽感激的泪水与恩师喜极的泪水在一起流淌，流淌。

会场上的人们无不为这感人的一幕所激动，人们以最热烈的掌声向这对师生致敬！为人类最美好的情操致敬！

从波兰回到巴黎后，她又应邀去英国的伯明翰，接受伯明翰大学名誉博士证书。居里夫人羞怯，寡言少语，文雅而自信。人人都想看到她，但只有少数人能够如愿以偿。

记者们伺机提出种种问题，但她都能巧妙地应对过去，而且一个劲儿地赞扬卢瑟福。这当然不能让记者们满意，但他们只能得到这些。

居里夫人在伯明翰提醒英国和世界科学界：镭的发现只不过是一个序幕而已！镭的发现仅仅是一个序幕！那该是多么了不起的见解呀！

在当年举行的第二届索尔维会议上，居里夫人作了《放射性衰变的规律》的发言。

1913年她发表了一篇《在液氢的温度下的镭的辐射》文章，这是她与荷兰著名科学家卡末林—昂内斯合写的，分别用英文和法文发表。

1914年她又写了一篇《放射性元素及其分类》。

此后，直至1920年才继续发表文章，这其中有5年时间她一篇文章也没有发表。这是因为在1914年7月，第一次世界大战爆发了。

组织医疗队上前线

1914年7月30日,居里夫人盼望已久的镭研究所终于全部竣工了。然而,一场荒谬绝伦的战争却即将爆发。居里夫人不愿相信人类相互残杀的战争真的会爆发,但残酷的事实却毫不留情地粉碎了她的期望和梦想。

20世纪初叶,以英、法、俄为一方的协约国,和以德、奥、意为核心的同盟国,在争夺商品市场和重新瓜分世界的斗争中,矛盾日趋激烈。

1914年6月28日,这正是居里夫人的镭研究所开始启动的前两天,发生了在塞尔维亚萨拉热窝谋杀奥地利皇储弗朗茨·斐迪南的事件,这是导致第一次世界大战爆发的导火线。

原来巴黎人还天真地揣度法国不会卷入战争,但8月3日,这个梦想也被彻底地击破了,接着是总动员令。

奇怪的是,巴黎人似乎像在狂欢节中接受这一动员令似的,没有人想到流血、化脓、残废、死亡、寡妇、孤儿、断壁残垣。有的只是锦旗招展,节日般的欢乐和亲人临别前的豪言壮语。

作战的双方都相信圣诞节以前就会结束战争，然后凯旋。那时，走向战场的亲人将在胸前戴满勋章，载誉而归，成为法国的英雄！

居里夫人周围的科学家，除了老弱病残以外，都走上了前线。佩兰成了工兵军官，德比尔纳、朗之万、她的侄子和实验室的小伙子们以及许多大学生们，都走了！

居里夫人写信给她的女儿们说：

亲爱的伊伦娜、艾芙：
　　现在局面变得日趋危险，我们将要随时等待着动员的命令，我不知道我是不是应该动身了，但是，你们不要慌乱，要镇定一些，勇敢一些，我们要尽力做有意义的事情。

居里夫人也不能再继续研究下去了，她想，当人们都上前线的时候，她也应该为法国尽自己的一份力量。居里夫人做了最快的决定，决定像许多勇敢的法国女子一样，去做医护人员，她立刻取得了卫生服务的相关的工作证件。

在医疗服务的机关里她发现了一个问题，她发现军队医院和各战地医疗队非常缺少X光机，这样就会严重影响外科手术的准确性和拖延及时进行外科手术的时间，而这种延误会大量增加军人的死亡率。

居里夫人立即决定由她出面组织一个车队，车上将装备有X光机和受过训练的技术人员，由他们在战场上及时为伤员进行透视检查，以保证外科医生及时而准确的手术。

她向陆军有关部门提出了自己的设想。尽管她作了许多解释，陆军部门仍然感到困难太多:"哪儿有那么多的 X 光机?这得花多少钱哪?还有技术人员!"

"可这是为了挽救军人的命呀!难道不应该花这笔钱吗?"要求没有得到批准,居里夫人那百折不挠的劲头又来了,她把目光转向慈善家们,他们中间有的人很富有,也不乏品格高尚的人。

经过她的多方呼吁,虽然不少人吝啬得一毛不拔,但她总算弄到了许多捐赠的汽车和资金。然后她在每台汽车上装备一台小发电机,一台手提 X 光机,必要的照相器材,并配备一名医生、一名助手和一名司机。

居里夫人在波尔多并没有引起注意,但是离开的时候却引起了热烈的评论,她所乘坐的列车里,只有居里夫人一个是普通的百姓,这辆车开得极其缓慢。有一个战士在他的背包里拿出一大块面包递给居里夫人,她接受了,因为她实在是太饿了。

1914 年 11 月 1 日,即开战后的第三个月,居里夫人最开始装备的 20 多辆战地透视车终于驶向了战场。这时,战场上已经死去了 30 多万人,还有 30 多万人受伤急需治疗。

居里夫人这时已经是 47 岁的人了,身体一直很不好,但现在她的精力却让许多身强力壮的军人都吃惊。见到她的人,都会想到这是一位像火一样热情、刚强的女性。她自己很快学会了开汽车,她常常自己开着那灰色的,侧面涂有一个大大红色"十"字的透视车在战场上日夜奔驰。

居里夫人就是这样不知疲倦地奔波着,从来不会要求别人对她特别照顾,她会忘了吃早餐,忘了吃晚餐,什么地方都可以睡觉,对于不舒服的事情丝毫不介意。

许多伤员在及时透视后,得到了准确的手术治疗,从而避免了大量且不必要的死亡。谁也不会想到，这位浑身是汗和泥的妇女，竟是两次获得诺贝尔奖的杰出科学大师！

由于操纵 X 光机的技术人员短缺，她又在巴黎办了一个短期操作训练班，只需几天工夫就可以让一个从来没见过 X 光机的人熟练地操作它。

她还以极感人的语言，动员了许多医院来帮助她装备了更多的透视车。据统计，后来共有 200 多辆这种透视车在战场上日夜奔驰，为抢救伤员做出了巨大的贡献。

开战时，她的两个女儿都到法国南部去度假了，战争爆发后因为担心德国人攻打巴黎，所以就有一段时间没有让她们回到巴黎。

母女只有靠通信联系。居里夫人太忙，有时只能写几个字报一下平安：

> 心爱的孩子们：
>
> 妈妈平安地到达亚眠，两个轮胎都已经破了，再见！

在前线救护伤员的工作极其辛苦，有时她回到巴黎的家中，就倒在床上不能动弹。但一想到士兵们的痛苦和牺牲，她就总是强打精神奔向战场。

作为一名科学家，她生活的目的就是要创造更美好的未来，但战争却在残酷、罪恶地毁掉人类的创造；作为一位母亲，她在面对这么多年轻人伤残、死亡时，舐犊之情自然使她对这场战争怀有憎恨之情。

她在钦佩士兵的勇敢、坚韧的同时，也痛心地写道：

我永远无法忘记这种毁灭生命、破坏健康的惨不忍睹的景象。我想，只要亲眼看见过我数年中见到的无数次惨状中的一次，人们就会自然地产生厌恶战争的意念。

当救护车到达前线后，抬进车里的成年人或青年人，大都血肉模糊、泥血混杂，恐怖之状，让人不敢直视！那些伤势过重的人，气息奄奄，正在为抓住一息生命作苦苦挣扎；即使轻者，也得忍受几个月或几年的痛苦，才能逐渐恢复正常。

居里夫人的心在痛苦中颤抖！但也正是这种痛苦，使她忘记了自己的年龄和病痛，尽自己的一切力量去挽救士兵们的生命，减少他们的苦痛。

1915年4月的一天晚上，居里夫人回到了家里，她的脸色十分苍白，行动也不像以前那样灵敏，人们急忙询问是怎么回事。

原来，她在从战地医院回来的时候，驾驶汽车的司机把车开到了沟里，汽车一翻过去，装在车里面的仪器全部砸在了居里夫人身上。

家里人还是从报纸上了解到原来居里夫人伤得很严重，急忙去找她，这个时候居里夫人已经提着箱子再一次出发了。

居里夫人的工作使她可以和社会各阶层的人接触，了解X光射线用处的医生们，把居里夫人当作最好的同事。

有些伤员在看见X光设备之后，感到很可怕。他们问居里夫人："这样的检查会不会伤了我们。"居里夫人总是笑着回答说："你们所看到的，就和照相一样。"

居里夫人总是在尽最大的努力让人们减少痛苦，为了这个目的，她也愿意做最艰苦的努力，在战争期间居里夫人受了很多苦，但是她从来不对别人提起这些事情，在同伴面前，她永远都是一副无忧无虑的神情。

在5年的战争中，居里夫人几乎从来没有休息过，只有一次到南方去看望二女儿艾芙时，她才得以休息几天。

从1916年至1918年，居里夫人一共训练了150名放射科的护士，这些人都是社会各界慕名前来的，他们之中有一些人文化程度很低。居里夫人的声望起初让这些人很害怕，但是居里夫人对于他们的到来表示诚挚的欢迎，很快他们就抛开了畏惧。

居里夫人有一种天赋，就是能让任何人都能轻松地接受科学，她很喜欢做完善的工作，所以当这些学习放射的学徒们第一次完成一张没有毛病的X光片的时候，她非常高兴，就好像是她自己的胜利一样。

法国的联盟也相继求助于居里夫人，从1914年开始，居里夫人就经常去比利时的各大医院。1918年，居里夫人去意大利研究当地放射性物质的资源，她还欢迎美国远征军的成员，那些成员们大概有二十几人，来到了居里夫人的实验室，居里夫人耐心地教他们什么是放射学。

1918年11月11日上午11时，德国人终于因不敌协约国的军事力量，被迫在巴黎东北的贡比涅森林签订投降条约。

巴黎响起了和平的号角，5年来的大战结束了。盼望着和平的欧洲人民，不分敌我地疯狂庆祝着这和平的来临，对于居里夫人而言，这声和平的号角更意味着双重的重大喜事。

其一，是法国的胜利；其二，是波兰挣脱了150年来的奴隶桎梏，获得独立。波兰独立，这就像童话中的不死鸟，从死灰中苏醒了过来一样奇异!

居里夫人的高兴是可想而知的。当正在实验室里的她听到停战的消息时,立即想方设法将新建成却一直未使用的镭研究所用法国国旗装饰起来,以庆贺胜利,但店铺里的国旗早卖光了,无货供应。

她只好自己用蓝白红3种颜色的布制成一面国旗,挂在楼上的窗外。在悬挂国旗时,由于过于兴奋,她的双手竟颤抖得无法把旗帜挂上去!

对于波兰从俄罗斯统治下取得独立,更是让居里夫人喜从心来。她写信给哥哥约瑟夫说:

> 现在我们这些在奴役中出生、在枷锁下长大的人们,终于看到我们的国家复活了,这是我们一直以来的梦想。但是我们从没有奢望过能亲眼见到这个时候,我们当初以为也许连我们的子女也看不到这个时候了,而这个时候居然已经到来了!
>
> 我们的国家为了这种幸福曾付出了极大的代价,并且还要再付代价。但是假如大战终结后,波兰仍受束缚,仍然被人分裂,我们将是如何悲痛、如何失望啊!这样看来,目前形势的阴云真是不足为道了。我和你一样,确信前途大有希望。

居里夫人信中所说的"目前形势的阴云",是指战后由于战争带来的创伤一时极不容易恢复,很难迅速进入常轨。实验室以及家庭生活的艰难也让她暗自着急。

在战争中,居里夫人在征得伊伦娜的同意后,把她所有的财产都买了国债，只有两个金质诺贝尔奖章因为是重要纪念品，银行坚持不收才算保留下来。现在，由于战后经济的崩溃，国债早被贬得一文不值了。

像许多家庭一样，战争不仅损害了她的健康，还让她彻底破了产。以后，她一家3口人只能靠她的年薪1.2万法郎生活。但是每况愈下的身体状况还能让她再工作几年呢？

居里夫人在那5年里，从不说她所遭受的困苦和危险，不提她的疲倦，不提她所经受的危险，不提射线给她的身体带来的危害。居里夫人在她的同伴面前显现出一种无忧无虑的神情，很愉快的表情，这些都是她最勇敢的面具。

实验室的情形也令人担心。原来出去作战的人员和学生陆续返回巴黎，但这些经历了九死一生而幸运返回的人，面对物价飞涨、工资入不敷出，对于是否进入大学或研究部门还十分犹疑。工业界此时情况要比较好一些，因此，大量科技人才涌入工业界，科学界元气大伤，凋谢零落，后继无人。

居里夫人只好自己安慰自己：不能着急，慢慢来，一切都会好起来的。不过，居里夫人并没有因此白白浪费这段时间，她应人之请，写了《放射学与战争》一书。

在这本书里，居里夫人虽然痛恨战争给人类带来的巨大痛苦，但她仍然高瞻远瞩地歌颂了科学为人类社会发展带来的好处和对于人类的价值。

在《放射学与战争》一书中，居里夫人写道：

科学在19世纪末把这种新放射性元素揭示给我们，我们由这种出乎意料的发展得到什么结论呢？这种新发现，似乎应该使我们对于公正无私的研究更有信心，应该增加我们对于这种研究的尊敬和钦佩。

居里夫人不愧是"镭之母"，她要在人们尚沉溺于悲痛、失望的时候，呵护科学的精神和价值，让人们在痛苦的失望中看到光明和前途，振作精神，再接再厉，向更美好、更光辉的未来前进！

战后难得的休闲度假

战争结束后，不知道是居里夫人的身体状况逐渐好了起来，还是和平时代给她带来了安稳的心理，居里夫人变得安详了许多。她已经放松了她的心情，岁月渐渐地冲淡了往日的烦恼。

1921年，居里夫人给她的姐姐布罗妮娅的信上是这样说的：

我的一生曾经受了很多的苦难，也许现在就快要到头了，现在没有任何的灾难能打击到我了，我们要能够在生活中找到小小的乐趣。

每天都让自己做不同的事情，可以让我们的生活更有趣，植树、栽花都能培养我们的耐心，我们年纪已经很大了，不要再去想伤脑筋的事情了。

伊伦娜和艾芙是在居里夫人身边长大的，现在她们发现居里夫人日渐苍老，她的容貌比以前苍老，身心却比以前年轻多了。伊伦娜是一个从来不觉疲倦的运动家，鼓励她的母亲一起运动，陪她做长途步行，带她溜冰、骑马，甚至于做一点滑雪运动。

到了夏天，居里夫人和她的女儿们一起在布列塔尼住。她们3个在拉古埃斯特一个极美的地方，过着神仙般的假期。拉古埃斯特是坐落在蒙什边上靠近巴安波的一个村落，居民只有水手、农民……和索尔本的教授。历史学家查理·赛诺伯斯和生物学家路易·拉比克在1895年发现拉古埃斯特。这个发现的重要性不下于哥伦布的航海。有一个聪明的新闻记者把这个学者殖民地叫作"科学堡"。

居里夫人到这个科学堡来得比较迟，起初住在一个居民家里，后来租了一座别墅，再后来把这座别墅买了下来。这片荒野对着平静的海，海上散布着无数大小岛屿，挡住外海的波涛，使之到不了岸边。她在这里选了一块最荒僻而且最多风的地方。

她喜欢灯塔，她租过的住房和她后来要建筑的住房很相像：一个狭小的别墅矗立在一大片田野上，房间布置得很差，几乎是破旧的，只有一些很简陋的家具。可是风景优美极了。

居里夫人每天早晨碰到很少的几个过路人——驼背的老妇，动作迟缓的农民，以及一笑就露出豁齿的儿童。他们都大声地招呼她："早安，居——里夫人！"他们的布列塔尼口音把音节拖得很长。

居里夫人并不躲避，她微笑着也用同样的语音回答："早安，勒高福夫人……早安，甘丹先生。"若是遇到不认识对她说话的人，她就只说："早安！"

村里的居民只有经过考虑之后，才会这样有分寸地、这样平和地向人平静地打招呼，这是对平等的人打的招呼，只含着友谊，而没有轻率或好奇的成分在内。他们这样敬重居里夫人，不是因为镭，也不是因为"报纸上谈到她"，而是因为过了两三季之后，那些把头发紧紧地塞在白色尖顶帽子里的布列塔尼妇人,认为她也是她们中的一个,也是一个农村妇女。

居里夫人的住房和别人的并无区别,在拉古埃斯特这个地方,数得上的房子是一所低矮的茅草屋顶的别墅,五叶地锦、西番莲、牵蔓的金钟花一直装饰到屋顶,这里是那块殖民地的中心,是社交活动的宫殿。

布列塔尼方言把这所别墅叫塔山维昂,意思是"小果园"。塔山的花园在斜坡上,里面的一些花虽然不像是按照计划栽种的,却列成色彩斑斓的长行。除非刮东风,塔山的门总是敞开着。里面住了一个70岁的魔法师查理·赛诺伯斯,他是索尔本的史学教授。这个教授个子不高,性格很活泼,有一点点驼背,身上总是穿着一套有补丁的衣服,当地人都叫他"船长"。

居里夫人由一条崎岖蜿蜒的小径走向塔山。已经有差不多15个老者聚集在房子前面散步,等着上船到岛上去。居里夫人的出现,在这个移民和流浪汉组成的集团里并没引起什么波动。

查理·赛诺伯斯的美妙眼神藏在近视眼镜后面,友善而且直率地招呼她:"啊!居里夫人来了,早安,早安!"其他人也道早安,居里夫人坐在地上,加入这一群。

她戴一顶褪色的布帽子,穿一条旧裙子和一件耐穿的黑色双面起绒呢短上衣,这是用几个法郎叫村中唯一的女裁缝埃利萨·莱福做的。衣服样式是不分男女、无论学者或渔民都合宜的那一种。她光着脚穿一双凉鞋,面前放着一个口袋,和15个散放在草地上的口袋相似,里面塞了一条浴巾和一件浴衣。

居里夫人他们一行人在船长的清点之下登上了小船,水手们快速地划动着手里的船桨。因为大家用力不均匀,小船在开出去之后并没有走得更远，后来，大家在船长的一致指挥之下，小船开始有序地前进了。

经过了一段时间，小船到达了目的地，一个梦幻一般的小岛，男人们在空船的旁边换衣服，女人们在水草的旁边换衣服，居里夫人在清澈的深水里游泳，那是再理想不过的地方了。

居里夫人以其轻捷的游泳本领而感到自豪，她与索尔本的同事间暗地里存在着一种运动竞争。

在罗斯夫拉的小湾里，居里夫人观察到，那些游"旧自由式"和"蛙式"游得不错的学者及其夫人，除体力不支而放弃的少数人外，其余的人都在不遗余力地向前流去。她严格地估量着对手们游泳的距离；虽然她从来没有公开提议比赛，她却是要训练自己去打破大学教授们的游泳速度和距离的纪录。

居里夫人在游泳之后就吃一大片干面包，然后躺在那里晒太阳。小岛上的风景真是美极了，好像就是全世界最可爱的地方，海水也比别的地方要蓝得多。

快到18时的时候，居里夫人走下海岸，再洗一次海水浴，然后穿上衣服，从那个老是开着的大门走进塔山。那里有一扇朝着海湾的大窗，窗前有一个年纪很大、很聪明，而且很好看的妇人玛里丽埃夫人坐在圈椅上。她就住在这所房子里，每晚在这里等候航海的人回来。居里夫人坐在她旁边等待着游艇在苍茫的海上出现，船帆被落日染成了金色。

登岸之后，所有乘客的手臂都被晒成了古铜色，从他们每个人兴奋的状态来看，就知道他们经历了不平凡的小岛旅游。

那里有一种游戏使得大家为之兴奋，所有的人，连那些年岁已高的老人也会参加，无论你的学历有多高，无论你是否获得过诺贝尔奖，在游戏里都一文不值，必须忍受着各种处置，而且会被当作奴隶看待。

吃完晚餐之后，居里夫人穿上那件她穿了15年或20年的毛茸茸的斗篷，和她的女儿们臂挽着臂，大踏步走下那些黑暗的小径。这3个人影又到了塔山。这些拉古埃斯特人第三次聚集在那间公用的屋子里，围着桌子，由一个口袋里拿出写在硬纸板上的字母，拼成复杂的字。居里夫人精于做这种"文字"游戏，她总是优胜者，两边的人都争着要她。还有别的移民聚在煤油灯周围看书或下棋。

过大节日的时候，有业余的作家兼演员在人们面前解字谜，唱带有表情的歌，演出纪念这一季中英勇事件的活报剧。两只小船的令人兴奋的比赛；冒险移动一块阻碍码头的很大的岩石——这是一些非常兴奋的技术人员费了很大的周折才顺利完成的行动。

虽然环境极为简单，但却永远觉得它代表最大的享受。索尔本的聪明的运动家们，在布列塔尼这一角，由海洋得到最生动、最文雅、最稀有的乐趣，这是任何百万富翁在任何海滨不能得到的。

而且，因为这种盛举的背景不过是一个可爱的村庄，这种辉煌的成就还应该归功于每年聚在那里的学者。

在拉古埃斯特，连眼光最敏锐的观察者也分辨不出大学者和普通研究者、富人和穷人，在布列塔尼的日光下或波涛中，一次也没有听见人谈过钱。

查理·赛诺伯斯，给人们最崇高和最审慎的教训；这个慷慨的老人并不自居是某些理论或学说的保护者，然而他使他的财富成为所有人的财富。那个总开着门的房子，那只埃格郎第纳游艇，那些小艇，那时候都属于他，现在仍属于他，但是每人都和他一样，可以算是它们的所有者。

在查理·赛诺伯斯点着油灯的住处开跳舞会的时候，手风琴奏出波尔卡舞曲、四对舞曲和当地的一种民间舞曲，仆人、主人、院士、农民的女儿、布列塔尼水手、巴黎人都混在一起，成对起舞。

居里夫人和她的女儿也加入其中。

她的朋友们都知道这个态度持重得近乎严厉的羞怯妇人有什么弱点，他们永远不会忘记对她说伊伦娜跳舞跳得很好或艾芙穿的衣服很美丽，而居里夫人的疲倦的脸上，就会忽然现出一个很美妙的、骄傲的微笑。

以孱弱之躯去美国

世界终于和平了，居里夫人母女的小家庭也再度充满了阳光，伊伦娜也已经21岁了，在索尔本大学专攻物理和数学，预备像母亲一样做一个科学家。14岁的艾芙则一心想做一个音乐家。作为母亲的居里夫人，对这两个女儿都充满着信心和期待。

1914年以来，关闭了5年的研究所的门再度被打开，居里夫人又重新坐回所长的位子上。助手们也都好像战事未曾发生过似的，热心地开始工作。对人和事都不生疏的居里夫人又因在战争中获得了宝贵的体验，那就是知道了"居里疗法"的效果，在战后对各大医院分送"有效管子"。但是居里夫人也自知年岁过50的自己健康情形已大不如从前。

暑假期间，她总是使身心尽量获得充分休养，尤其喜欢面临英法海峡的布列塔尼避暑，时常跟淳朴的渔夫、农民们过着自然悠闲的生活。索尔本大学的教授们夏季也都大部分来此地相聚，划船、唱歌、游泳等，像小孩子一般作乐。海岸有大小无数的岛屿散布着，像图画一般美丽。

居里夫人和两个女儿借用了沙滩上最便于浏览风景的一栋别墅。有时候，海拉会从遥远的华沙来看她们。秋季新学期开始时，居里夫人便带着健康的身体和愉快的心情回到巴黎来。

1921年5月20日16时，美国白宫会客厅的门打开了。首先走进会客厅的是法国驻美大使犹赛朗德，他挽着美国总统哈定的夫人；接着走进来的是美国总统华伦·哈定，他挽着居里夫人；再后面的是波兰公使和麦隆内夫人、居里夫人的两个女儿和"玛丽·居里委员会"的一些知名女士们。大厅里原来就站有许多人，包括科学家、政府官员以及美国和波兰侨民中的一些名流。

居里夫人仍然穿着那件著名的黑色长袍，肩上披着一条有镶边的黑色披巾。她就是这次美国总统尊贵的客人。

首先，法国大使犹赛朗德简单地讲了几句表示感谢的话，接着是麦隆内夫人代表美国妇女界致辞。

再接下去，总统开始讲话了。他说："您曾有幸为人类完成了一桩重大的发现，今天，我受托赠送给您这一克镭。我们能认识并拥有镭，应该归功于您。我们相信，您有了这点镭，一定可以用来增加人类的知识，减少人类的痛苦。"

总统将挂有一枚金钥匙的绶带挂到居里夫人的颈上，这钥匙是用来打开放在桌上的那个桃木小匣子的，衬着铅皮的匣子里装有一克镭。最后由居里夫人向美国总统和美国妇女界致谢。讲话完毕，来宾列队走过居里夫人身旁，向她致以敬意。仪式的最后一项是全体摄影留念。这是居里夫人和她的两个女儿美国之行最隆重的一幕。

这次她们能到美国来访问并接受美国妇女界馈赠的一克镭，要得益于一年前一位叫麦隆内·玛丁妮夫人的一次采访。

1920年初，居里夫人的一位好友、艺术家罗歇告诉她，说有一位美国女记者想来采访她。居里夫人一口回绝，她用常规的回答告诉罗歇："我除了提供技术情报外，对新闻界一概不接待。"

罗歇说："我知道你的规矩，但是，麦隆内夫人不一样，你最好接见她，我相信你不会因为见了她而后悔的。你可以相信我嘛。"没办法，她只好同意了。

麦隆内夫人曾经请她的朋友送一封信给居里夫人，信上是这样说的：

> 我的父亲是一名医生，他经常跟我说，人对社会的重要性是不能够虚拟的，也不能夸大的，在这20年里，在我的眼睛里，我所看到的，你是非常重要的，夫人，我想见见你。

1920年5月的一个早晨，居里夫人在镭研究所那间小小的会客室里接见了罗歇带来的麦隆内夫人。

麦隆内夫人是美国一家著名杂志《写真》的主编，也是一位在美国很有名气的大记者。她很早就对居里夫人产生了崇敬的心理，但由于居里夫人厌恶记者而一直不能有采访的机会。这次通过罗歇，她终于实现了多年的梦想。

麦隆内夫人在后来的回忆录中写道：

> 门开了，我看到一个苍白的妇人，神色非常忧郁，这是我从来都没有见过的，我似乎比夫人还要紧张，面对这个毫无防备的妇人，我竟然说不出一句话来。
>
> 我们在谈到专利的时候，我认为那种专利可以让居里

夫人成为世界上独一无二的富人，但是她却说，镭只是一种元素，它是属于整个世界的。

在接下来的日子里，我打听到镭的市场价格是每克10万美元，居里夫人的实验室是刚刚建成的，其他设备还很不完善。

麦隆内夫人对居里夫人的回答很是惊讶，麦隆内夫人参观很多的大型的实验室，知道里面是什么样的情形，他们那些大型的实验室就好像是宫殿一般，建筑都相当宏伟壮观，现在再看镭的研究院，可以称作是很简陋了。

居里夫人的实验室是参照着大型的实验室而建造而成的，麦隆内夫人看见过曾经有一些工厂在大量地提炼镭，那些浓烟简直是让人不堪忍受。

麦隆内夫人和居里夫人再一次密谈，麦隆内夫人询问居里夫人需要什么，居里夫人回答道："我需要镭，一克镭，这样我就能继续我的研究，但是由于镭的价钱实在是太昂贵了。"

麦隆内夫人想起一个伟大的计划，她要她的同胞赠送一克镭给夫人。回到纽约之后，她想找10个有钱的妇女，10个女百万富翁，劝她们每人出1万元，凑起来买这件礼物，可没有成功，她只找到3个学术保护人肯如此慷慨。

麦隆内夫人后来想："为什么只找10个有钱的妇女呢？为什么不组织一个全美妇女捐款运动？"

在美国，只有想不到的事，没有办不到的事。

麦隆内夫人立即组织了一个委员会，其中最积极的委员有威廉·佛·穆狄夫人、罗伯特·米德夫人、尼古拉斯·布瑞狄夫人、罗伯特·阿俾大夫和弗兰西斯·卡特·伍德大夫。

她在新大陆的每一个城市中发起筹募居里夫人镭基金的全国性活动。在她拜访居里夫人之后不到一年，她就给她写信说：

款已凑足，镭是你的了！

这些美国妇女慷慨地援助居里夫人，但是，她们也有一个交换条件，她们亲切、友好地问她："你为什么不来看我们？我们愿意认识你。"

居里夫人犹豫不决。她永远怕见人群，而美国是世界上最喜欢公开宣传的国家，到那里去拜访是要遇到许多排场和折磨的，她想到这儿就觉得畏惧。

但麦隆内夫人坚持要她去，并把她的异议逐一扫除。

"你说你不愿意离开你的女儿们么？我们也请她们来。繁文缛节使你疲倦么？我们拟定最合理的接待日程。来罢！我们替你安排一次很好的旅行，合众国总统将在白宫里亲自把那一克镭赠给你。"

居里夫人感动了。她抑制住自己的一些顾虑，在54岁的年纪进行平生第一次重大的正式旅行，并承担了这次旅行的种种义务。

这次远行使她的女儿们高兴极了，她们预备启程。艾芙逼着她的母亲去买了一两件衣服，劝她把她最喜欢的服装，就是那件最旧的、颜色褪得最狠的衣服留在巴黎。

居里夫人周围的人都很兴奋，各报章都描写大西洋彼岸等着居里夫人的种种仪式，当局斟酌给这个女学者何种尊崇，使她能带着配得上她的盛名的荣誉头衔到合众国去。美国人一定很难理解居里夫人竟然会不是巴黎科学院院士，他们一定惊讶她竟会没有荣誉勋位……当局很快就赠给她十字勋章,但是她第二次又拒绝接受;后来她请求把这种骑士勋章授予麦隆内夫人。

1921年4月27日,《我都知道》杂志发起给居里夫人开欢送会,在巴黎大剧院举行,当日所得款项全部归镭研究院。

在欢送会上,先是有法国政界人士莱昂·贝哈尔、教授让·佩韩、著名大夫克娄德·瑞果演说,然后是游艺节目,由组织这次欢送会的法国剧作家、导演萨沙·吉特利邀集的著名演员和音乐家演出,当时已经上了年纪而且很衰弱的萨拉·柏娜和吕西昂·吉特利,都参加这次表示敬意的演出。

5月4日,居里夫人和她的两个女儿乘坐白星轮船公司的"奥林匹克号"轮船离开欧洲前往美国。在船上,她们受到了船主殷勤的招待,他亲自将她们母女送到她们的卧舱,这卧舱是专门为新婚夫妇蜜月旅行设置的。

这3个女子的衣服只装了一个衣箱,但是她们占用了船上最华贵的房间。玛丽看见太讲究的器具和太复杂的食物,总是本能地噘着嘴,像疑心很重的农民一样。

她把自己关在自己的房间里,上两重锁,躲避那些来向她讲话的人。

她回忆她那简单而且平静的日常生活,想借此忘掉她的正式任务。

1921年5月10日,居里夫人写信给让·佩韩夫人说:

亲爱的亨利埃特:

我在船上收到你写的亲切的信,它给我很大的安慰,因为我离开法国做这次不合我的口味和习惯的远游,心里不能没有顾虑。

我不喜欢这次远渡重洋,大海显得忧郁、阴暗、很不平静。我虽然没有病,可是觉得头晕,我大部分时间都留在房间里。我的女儿们似乎很满意。麦隆内夫人和我们一起旅行,尽力与她们亲近,她真是和蔼极了,友善极了。

我想着拉古埃斯特,想着我们不久就要和朋友们一起在那里度过的快乐光阴,想着你要来和我们一起在那里过有限的安静时光的那个花园,并且想着我们两个人都很喜爱的那个柔和的、蔚蓝的大海,它比这个沉默冰冷的大洋令人舒服多了。我也想着你快要生产的小孩,这个孩子是我们那亲密的一组人中最小的一个,是下一代的第一个。在这个孩子诞生之后,我希望还有更多的我们儿女的儿女出世……

一个多礼拜以后的一天,"奥林匹克号"开始鸣笛,似乎为10多天海上漂流的结束,如今又回到陆地岸边而高兴和激动。远处的高楼逐渐在雾霭里显现出来,那尊由法国人于1886年送来的自由女神像逐渐清晰,她那高举的火把在90多米的高空似乎直指天际。

虽然对以后的日子该如何度过,居里夫人依然忧心忡忡,但到了岸总是让人高兴的事。

纤巧、雄浑而且动人的纽约出现在晴朗天气的雾窗里。麦隆内夫人来告诉居里夫人说,有许多新闻记者、摄影记者和电影摄影师正在等她。一大群人聚在登岸的码头上,等着这个女学者到来。

这些好奇的人站了5小时,才看到各报纸用大字标题称作的"造福人类的大学者"出现。人群中有成队的女童子军和女学生,还有 300 个妇女组成的代表团挥动着红白两色玫瑰花，她们代表合众国中波兰人的各种团体。在好几千挤在一起的人的肩头和热烈的脸庞上边，飘动着色彩鲜明的美国国旗、法国国旗和波兰国旗。

人们在"奥林匹克号"上层甲板上放了一张圈椅，请居里夫人坐在上面，拿开她的帽子和手提包。一些摄影记者急迫地喊着：

"向这里看，居里夫人！头转向右边！……抬起头来！看这里！这里！这里！"

几十个照相机和摄影机排成一个可怕的半圆形，对准她那显得惊讶而且疲乏的脸，不住地响起了"咔嚓咔嚓"的声音。

在使人疲劳而且兴奋的这几个星期中，伊伦娜和艾芙当她的护卫。这两个年轻的女子乘专车旅行，参加 500 人的宴会，听大众欢呼，受记者包围，当然，在这种情况下，对于合众国不能有很清楚的概念。

要想透彻地认识一个大国的可爱之点，还必须比较自由，比较平静才行。这种"马戏团巡回演出式的周游"不能使她们对美国有什么了解，然而却使她们从母亲身上得到一些启示……

在美国，大部分人以追求财产和名声为人生的终极目标，如今看见居里夫人如此衣着寒酸，而且疲倦怯弱，对记者的提问默不作声，不免大为失望。但据报纸上的宣传，人们还知道居里夫人拒绝百万重金的专利收入，而宁愿自己过清贫的生活，这使得以追求财富为光荣的美国人感到震惊、迷惑；但在亲眼看到安贫乐道的居里夫人以后，他们的震惊、迷惑逐渐转变成尊敬、钦佩。

原来的热情经过一番迅速的反思，立即转变成更理智、更丰实的热情，其热烈的程度更有过之而无不及，而且更持久长远。他们向居里夫人表示：美国人对她有一种真诚的崇拜，把她看作当代最优秀的一流人物。

美国人民虽然非常务实，但他们并不缺乏理想主义，他们由衷地钦佩、赞扬居里夫人那种使他们深深感动的生活态度——轻视财富、名利等利益，献身于智力的热情和热心于为民众服务的精神。

居里夫人力求隐退，这种努力在法国部分地得到成功；她已经使她的同胞，甚至使接近她的人相信，大学者并非要人。自从她到了纽约，这层帘幕揭开了，真相出现了；伊伦娜和艾芙突然发觉，一向与她们住在一起的这个自求隐退的妇人，在世人的眼中代表着什么。

每一次演说，群众的每一种动作，报纸上的每一篇文章，都给她们带来同样的消息；美国人在和居里夫人相识之前，已经对她有一种真诚的崇拜，把她列为当代第一流人物。现在她到了这里和他们在一起，成千成万的人都对这个"疲倦客人的俭朴魅力"着了迷，都对这个"羞怯的纤弱妇人""装束朴素的学者"一见倾倒……

虽然如此，合众国的男男女女欢迎居里夫人时所表现的热烈感情难道没有深意？拉丁民族承认美国人民有实践的才能，可是他们却异常自负地认为，理想主义和敏感是拉丁民族独具的东西。然而在居里夫人面前涌现的，正是理想主义的狂风。

假如居里夫人很骄矜，而且已经由于她的科学发现而发财致富，她也许能在合众国引起好奇心，但是绝不能引起这种共同的同情。

美国人民向这个在群众面前觉得惊恐的学者喝彩，乃是称赞一种使他们深为感动的生活态度和轻视利益、献身于智力的热情。

这次活动的发起者麦隆内夫人的房子里摆满了鲜花，有个园艺师因为镭治好了他的癌肿，花了两个月工夫细心地培植，他要送给居里夫人一些极美丽的玫瑰花，使它们发芽和开花。

麦隆内夫人的房子里要开紧急会议,决定旅行日程。所以,理所当然要布置得美观大气。

因为美国所有的城市,所有的专科学院,所有的综合大学,都邀请居里夫人去访问;成打的奖章、名誉头衔、名誉博士学位,都在等着她……

所以,麦隆内夫人问她:"你带来了大学教授的长袍吧?在这些仪式中,这种衣服是必不可少的。"

居里夫人天真的微笑引起了人们的惊讶。居里夫人没有带来大学教授的长袍,最妙的理由是她从来没有这种衣服。索尔本教授都必须有一样长袍,但是居里夫人这位唯一的女教授,却把这种打扮的乐趣让那些男子去享用。

麦隆内夫人立刻叫来了裁缝,忙着赶做这种庄严的衣服,衣料是黑罗缎,用丝绒镶边,将来再罩上博士学位应有的色彩鲜明的无袖长袍。在试衣服的时候,居里夫人很不耐烦,说袖子碍事,材料太厚,尤其是绸缎刺激她那被镭烧坏了的手指。

5月13日,诸事终于齐备。在安德鲁·卡内基夫人家里吃过午餐,在纽约匆匆地游览了一下,居里夫人、麦隆内夫人、伊伦娜和艾芙就动身做流星一般的旅行。

一些穿白衣服的少女排列在阳光普照的道路旁;不计其数的少女跑过草地,来迎接居里夫人;一些少女摇着旗帜和鲜花,欢呼着,合唱着歌……这是开头几天去到斯密士、瓦萨尔、布林·谋尔、艺特·荷尔约克等女子学院所看到的令人眼花缭乱的景象。先让居里夫人和热诚的少女在一起,和女学生在一起,和她同等的人在一起,借此使她习惯见人,这是个好主意,是个很好的主意。

一星期后,这些学院的代表列队进入纽约卡内基会堂,参加大学妇女联合会举行的盛大集会。她们向居里夫人鞠躬,并且依次向她献一朵代表法国的百合花和一朵用作代表美国的叫作"美国美人"的玫瑰花。

居里夫人在美国著名教授们、法国大使和特地来给旧日的同伴喝彩的波兰大使依格纳茨·巴德列夫斯面前,接受学位、奖金、奖章和一种特殊的荣誉:"纽约市民"。

在以后两天的仪式里,美国各科学团体的273名代表,聚在瓦尔道夫·阿斯多利亚欢迎她,居里夫人已经是疲乏得站立不稳。一个刚离开修道院式生活的虚弱妇人与强壮喧闹的人群作战,是难以匹敌的。

嘈杂声和掌声使居里夫人眩晕,无数看着她的眼睛使她害怕,群众在她经过的路上猛烈推挤也使她惊怖,她徒然地担心会在这些可怕的激浪中被人挤碎。不久就有一个狂热的崇拜者在和她"握手"的时候过于兴奋,把她的手握伤了。

于是,居里夫人只好在手腕扭伤、手臂悬在吊绷带里的情况下继续旅行,这是因荣誉而负的伤。

5月19日,是总统接见的前一天。在招待会后,麦隆内夫人到居里夫人住的客房里,把镭的赠送文本交给居里夫人审阅。居里夫人戴上眼镜看完以后,说:"密西,"她们之间的称呼已毫无拘束,"文件还得作点修改。"

"哪儿要修改?"

"是这样的,密西,美国赠送给我的一克镭,应该是赠给我的实验室,而不能说赠送给我个人。按文件现在的写法,那在我去世后,它就成了我们家的私人财产,成了我女儿们的私有物了,这是绝对不行的。这一克镭应该永远属于科学,无论我生前死后都只能如此。"

麦隆内夫人感到有点为难,说:"修改没问题,但是必须要有律师在场。"

"密西,那就请你去找一个律师来。"

"可是,居里夫人,还得捐赠人同意才行。"

居里夫人毫不通融:"那就请你去找到捐赠人。麻烦你了,但是请你务必理解我的请求。"

"明天不行吗?"

"最好马上修改。"

麦隆内夫人深知居里夫人的禀性,只好立即找来律师和两位捐赠人的代表,其中一位是副总统柯立芝的夫人,当天夜晚修改妥当。这件事美国人当时并不知道,如果知道了,报纸杂志上说不定又要作如何轰动的宣传了。

居里夫人在接受赠予的一克镭之后,还发表了演说,人们很认真地听着居里夫人的简短的致谢辞,然后客人们进入大厅,居里夫人和他们每一个握手,用英语、波兰语、法语说着亲切的话语,一大群的记者还在门外等待着居里夫人。

此后,便是麦隆内夫人安排的游览。

居里夫人一行首先来到了费城。她在这个城市接受名誉头衔,博士学位,和这个城市里的科学界和实业界的著名人士交换礼物。有一个工厂的经理赠送给居里夫人50毫克新钛;著名的美国哲学学会授予她约翰·斯考特奖章。

为了表示感谢,居里夫人赠送这个学会一个"有历史意义的"压电石英静电计,这是她在最初几年研究工作中自己制造并且使用的。

居里夫人还参观了匹兹堡的制镭工厂,热情的美国人民赠送给她的那一克镭就是这个厂炼制的。

在大学里,她又获得了一个博士学位!居里夫人穿上她的教授长袍,这件衣服她穿着很合身而且很舒服;但是她不肯用传统的方帽盖住她的头发,她觉得它难看,并且抱怨它"戴不住"。在一群学生和戴着硬黑方帽的教授中间,她总是摘下帽子。最会打扮的人也想不出更好的主意!她那露着的脸,在周围许多人的脸中间,显出了天然的美,居里夫人自己却毫无所知。

在这些日子里,她一直为使自己不致在举行仪式的时候晕倒而坚持着;她接受花束,听着演说和赞美词……但是到了又一天早晨,令人担心的消息传开了:居里夫人太虚弱,不能继续旅行。

她放弃了到西部各城市去的计划,那里预定为她举行的招待会也都全部取消。

一些美国记者听到这个消息,立刻怀着自责的愤激之情指责他们的国家不对。他们认为不应该使一个上了年纪而且虚弱的妇人遭受非其体力所能忍受的磨难。他们的文章都质朴而且生动,读来令居里夫人深受感动。

有一家报纸用大字印着:过于殷勤!并且说:"美国妇女帮助这个学者,足以证明她们有很高的智力;但是苛刻的批评者可以责备我们,说我们仅仅为了满足自己的骄傲,竟然要居里夫人以她的血肉来偿还我们所赠送的礼物。"另一家报纸直截了当地说:"无论哪一个杂技团或音乐厅的经理,都肯给居里夫人一笔比一克镭的价值大得多的款子,而只要她做比这次还少一半的工作。"一些悲观的人认为这件事简直是一个悲剧:"用我们的过度热诚差不多已经害死了霞飞元帅,难道我们又要害死居里夫人?"

居里夫人诚恳地和钦佩她的人们周旋。这些人在第一场接触中已经得胜。从此,组织旅行的人为保证她的休息,施展了各种策略。居里夫人习惯了由背着站台的车门下火车,悄悄地跨过铁轨,以回避在月台上等她的过度兴奋的群众。人们宣布她到达了布发罗,实际上她已经在前面的尼亚加拉瀑布站下了车,她要安静地参观著名的尼亚加拉瀑布。这只是短暂的休息,布发罗的接待委员会不肯放弃会见居里夫人,一些汽车像流水一般开往尼亚加拉瀑布,终于截住了她。

伊伦娜和艾芙起初只是随从人员,后来就成了舞台术语中所称的"替角"。伊伦娜穿着那件大学教授长袍,代替居里夫人接受名誉头衔,一些郑重的演说家向艾芙这个只有16岁的姑娘发表他们为那个学者预备的演说。他们说到她的"伟大工作",说到她的"长期的辛勤劳动",并且等着她致适当的答词。

在有的城市里,委员会中的几个女士争着请居里夫人到家里去住;她们把居里夫人一家分开了,伊伦娜和艾芙到几个最坚持要请她们的东道主家里去走一趟。她们不代表她们极负盛名的母亲时,有人就提供她们一些适合她们年龄的娱乐:打一场网球或划一次船,在长岛度一个极风雅的周末,在密执安湖游一次泳,参加几次在剧院里举行的晚会,在科纳岛游艺公园里过一次狂欢之夜⋯⋯

但是最快乐的日子是到西部去旅行的时候,麦隆内夫人虽然已经放弃请居里夫人游历全美的计划,仍要请她看看这个大陆上最惊人的奇观:科罗拉多的大峡谷。居里夫人太疲倦,不能表示很高兴;但是她的女儿们热心极了。一切事物都使她们喜悦⋯⋯在圣菲线上坐3天火车,越过得克萨斯州的沙地;在新墨西哥州阳光照耀下的偏僻小火车站里进餐;在峡谷边缘上一个舒适小岛似的大峡谷旅馆过夜。这个峡谷是地壳上一个奇特的裂缝,是100公里长、15公里宽的深渊,参观的人看见的时候差不多惊悚得说不出话来。

伊伦娜和艾芙骑着健壮的印第安马,沿着深渊的脊行进,从高处看群山、岩石和沙地组成的静止的混浊景象,颜色由淡紫转红,由橙色转浅赭,强烈对比的阴影,使这种景象更为丰富。她们选择了走通常的路线,骑骡子下到谷底;年轻的科罗拉多河在那里夹着污泥和石子,湍急地奔流。

在这里,东道主只举行了一些必不可少的重要仪式,然而这已经足以使最健壮的运动家筋疲力尽了!5月28日,居里夫人在纽约接受哥伦比亚大学赠送的名誉博士学位。在芝加哥,她被聘为芝加哥大学的名誉教员;她还接受了几种荣誉头衔,并且参加了3次招待会。在第一次,一条当作栅栏的大丝带把居里夫人和她的女儿,与那些在她们面前列队走过的人们分开。在第二次,《马赛曲》《波兰国歌》《星条旗》相继地唱着,钦佩居里夫人的人都把花放在她的脚边,堆成山的花差不多把她埋在里面了。最后一次招待会最热烈……这是全部波兰侨民在芝加哥波兰区举行的,这些移居国外的人给她鼓掌。不仅因为她是一个学者,而且因为她是那遥远的祖国的象征,男人和妇女都含着眼泪,抢着吻居里夫人的手,摸她的长袍……

6月17日,居里夫人不得不第二次中止旅行。她的血压极低,医生们都很不安。她休息了几天,恢复了一点气力,又到波士顿和纽海文,并且到韦尔斯利、耶鲁、哈佛、西蒙、拉得克力夫等大学去参观。

6月28日,居里夫人在美国的整个活动结束,她和两个女儿登上了开往法国勒阿弗的轮船。还是来时的那艘"奥林匹克号",她的舱房里堆满了电报和花束。

麦隆内夫人和居里夫人在船上道别时，周围挤满了新闻记者。居里夫人低声说："密西，让我再瞧你一眼。我最亲爱的朋友恐怕我以后再也见不到你了。"

当时她们谁都没有想到，8年之后的1929年，这两位不屈的女性又相逢在美国，这次是从另一位总统胡佛手里接受美国人民再次赠送一克镭的捐款，这一克镭是应居里夫人之求，由麦隆内夫人出面让美国人捐送给她的祖国波兰的放射性研究所的。

居里夫人现在疲乏极了，而总的说来，也满意极了。在她的函件中，她说她深信能"在美国对于法国和波兰的友谊上做了一点极小的贡献"，她引述哈定总统和柯立芝副总统对于她的两个祖国所表达的同情的言辞。

居里夫人这次旅行，留下一些混杂的印象。她记得特别清楚的是一些突出的事情。美国大学生活的活泼，传统仪式的热闹和愉快，尤其是各学院的学生体育运动提供的优良条件，都给她留下了深刻的印象。

沿途招待她的妇女团体的巨大力量，也给她留下很深的印象。

只是这里科学实验室的完善设备和无数用放射疗法医治癌肿的医院的设备，使她有一点痛心。想到法国在1921年还没有一个使用镭治疗法的医院，她不免感到气馁！

美国妇女赠送给她的那一克镭，现在同她乘一条船离开美国，藏在船上锁簧复杂的保险箱里。这一点象征性的镭使人回想到居里夫人的事业。为了获得这很少的一点东西，竟然需要在整个大陆到处乞求，居里夫人还必须亲自到这些女施主所在的城市中去，并且亲自道谢……

这怎能不叫人想到，以前在专利证书上简单地签一个字不是要有效得多吗？这怎能不叫人想到，富足的居里夫人不是可以给她的国家创设许多实验室和医院吗？20多年的挣扎与困难，是否已经使居里夫人后悔，是否已经使她相信，她轻视财富就等于为了一种奇怪的念头而牺牲她的工作的发展？

居里夫人在美国游历时，特别对美国大学教育和科研情况做了认真的考察，她说："我最愧惜的是没有充裕的时间参观各实验室和科学研究所。但在少数几次时间短促的参观中，仍然得益不少。"

居里夫人在从美国回来之后，写了一个自述性质的短文，她是这样写的：

我的朋友们都说，如果我和皮埃尔保留一些属于我们自己的权利的话，那么我们就能相应的得到一些资金，那些资金能帮助我们建造实验室，也能帮助我们去采购原料，但是我们没有那样去做。

曾经缺少资金困扰着我和皮埃尔的研究，我们需要钱来帮助我们完成一些实验，现在这对于我来说仍然是首要的问题，可以避免这样的窘迫的环境，但是我们仍然坚信，我们所做的决定是对的。

人类需要善于去实践的人，这种人能在他们的工作中取得更大的利益，他们虽然从来没有忘记过大众的利益，但是仍然能保障自己的利益。人类需要的是梦想者，这些人沉醉在事业的发展里面，所以不能注意自己的切身的利益。

可以肯定地说，一些有梦想的人，不配拥有一些财富，因为他们自己的本身就不想要拥有财富和金钱。一个组织得好的社会却应该把完成工作的有效条件给予这样的工作者，能让他们的生活不再受物质的侵扰，生活上不显得那么的困窘，以此来静下心从事科学研究。

居里夫人在一些她的函件中表示，她感到很荣幸能够在美国对于法国和波兰的友谊做一点小小的贡献，无论她是怎么样的谦恭也代替不了她所做的那些事情，她获得很大的成功，征服了很多美国民众的心，赢得了人们的真正的友谊，一直到居里夫人去世的时候，麦隆内夫人仍然是她最真心、最亲切的朋友。

风雨中孤独的成功者

美国之行给居里夫人相当大的启发。如果是一个学生,她就可以在顶楼里读书;如果是一位不知名的研究者,她也可以离开时代,完全专心于她个人的工作,确实也非如此不可。

居里夫人现在已经不是学生或研究者了,居里夫人对于一种新科学和一种发明的新治疗法都负有责任。她的名字具有极大的权威,只要居里夫人作一种简单的表示,只要她肯出面,居里夫人所关心的任何有普遍利益的计划就能进一步地实现。居里夫人把这种科学上的等价交换和使命列为她的生活的一部分。

意大利、荷兰和英国等许多国家都欢迎居里夫人前往。居里夫人曾和女儿艾芙旅行到西班牙,那是一次令人目不暇接的、难以忘记的旅行。

总统来迎接她的时候也像居里夫人一样像个农民。他们还邀请居里夫人到捷克去,在他的乡下房子里款待她。

每一次的索尔维会议都请居里夫人前往,在布鲁塞尔,人们不把居里夫人当作著名的外宾来看待,而认为她就是一个普通人或者说是一个邻居。

居里夫人本能地喜欢这样的聚会。在聚会上会有一些人讨论各种新鲜的发现和新学说,居里夫人经常把这些人叫作"物理学的爱好者"。

每次在布鲁塞尔逗留,居里夫人总是要去拜访国王和王后,或者和他们一起共用晚餐。国王和王后是居里夫人从前在比利时前线上所认识的,他们和居里夫人有着非常好的友谊。那个时候世界上的每一个地方都知道居里夫人的名字。

自从居里夫人成为世界著名的学者之后,有成百上千种慈善事业、几百个联合会和团体请求她列名赞助,居里夫人没有答应参加。原因是居里夫人没有时间去实际地做这样的一些工作。

居里夫人从来不肯放弃她被称为"单纯的学者"这种美好的头衔,更不愿置身于各种意见的纷纷扰扰之中,连最无公害的宣言居里夫人也从来不肯去签名。

居里夫人很早就注意到每个大学和各种实验室所使用的教学方法,居里夫人想尽办法要使那些实验室更加完善。

她提倡"有领导的工作",这种工作必须需要协调各位研究者的共同努力;并且提议各领导人之间有一定的联系,成为具有参谋意见的整体,并可以指导整个欧洲的科学工作。

居里夫人曾经这样说:"我是认为科学是极其美好的那种人,在实验室中的学者不单纯仅仅是一个技术人员,学者也是一个小孩子,他眼前的自然现象好像神话一般,能给他们的脑海中留下很深刻的印象。我们不应该使人相信科学的一切进步可以简单化为机械结构、机器、齿轮装置,虽然这些东西也有它们功不可没的地方。我也从不相信在我们生存的这个世界上,冒险精神已经有了即将消失的危险。假如我看见在我周围有一种重要的东西，那么，就正是这种似乎无法毁灭的冒险精神，与好奇心紧紧地联结在一起……"

为了尊重各民族文化的不同点，所以为了国际文化而奋斗；为保护随处可以发现的个性和才干而奋斗；为"加强世界上科学的伟大精神力量"而奋斗；为"精神上的裁军"而奋斗，为了和平而奋斗，这些概念都是居里夫人所专心从事的、并不夸张地希望很快就能取得胜利的战斗。

1929年7月的时候，居里夫人在心里就有了一个伟大的计划：她想要在华沙创设一个镭研究院，作为科学研究和癌肿治疗的中心。她的倔强不足以用来克服种种困难。波兰在长期受到奴役之后，元气才刚刚有一些恢复，一切都非常缺乏，缺乏财力，缺乏专门的科学人才。

居里夫人回华沙去给这个研究院做奠基仪式。在这个晴朗的早晨，共和国总统砌了研究院的第一块砖，居里夫人砌第二块，华沙市长砌第三块……这些仪式既轻松又庄重，丝毫没有仪式的拘束，波兰元首斯塔尼斯拉斯惊讶居里夫人在法国多年，但是家乡的语言仍旧说得极好。

几年过去了，砖块变成了墙壁，居里夫人和布罗妮娅还继续努力着；她们两个都已经把大部分积蓄用在建造研究所上，但是还缺少必要的款项购买治疗癌肿所必需的镭。

这时，居里夫人并没有失去勇气，她考虑了一下，就又转向了西方，转向那些曾给过她很大帮助的合众国，转向麦隆内夫人。麦隆内夫人知道居里夫人爱护华沙研究院的心情，不下于爱护她自己的孩子。于是，麦隆内夫人又做出一个新的决定，她募集并且购买了一克镭所需要的全部款项，这是美国赠予居里夫人的第二克镭。

1920年，在亨利·德·洛特柴尔德子爵倡议下，创立了居里基金会。这是一个独立的机构，募集赠品和补助金，并且支持镭研究院的科学工作和医学工作。

1922年，巴黎医学科学院的35个院士把下述请求书寄给他们的同事："列名院士认为选举居里夫人为自由合作院士，可使本科学院增光，并借此对她为发现镭和一种新医学治疗法，即放射治疗法所做的工作表示敬意。"

这个文件是革命性的，因为这些院士不只要选举一个妇人，而且还要打破惯例，自动选举她，不用她自己请求。这个著名机构的64个院士热心地签署了这个声明，就给科学院里的同行一个教训。请求这个空额的候选人为了让居里夫人当选，都退出了竞选。

1922年2月7日选举结果发表了。科学院院长晓发尔先生在讲坛上对居里夫人说：

"您是一个伟大的学者，一个竭诚献身工作和为科学牺牲的伟大妇女，一个无论在战争中还是在和平中始终为分外的责任而工作的爱国者，我们向您致敬。您在这里，我们可以从您的榜样和您的盛名中得到精神上的益处，我们感谢您：有您在我们中间，我们感到自豪。您是第一个进入科学院的法国妇女，但是除您之外，还有哪一个妇女能当之无愧？"

1923年，居里基金会决定郑重庆祝镭的发现25周年。政府也参加这个表示敬意的庆祝会，议会两院一致通过一项法案，给居里夫人4万法郎年金作为"国家酬劳"，并规定伊伦娜和艾芙·居里可享有继承权。

自从1898年12月26日科学院的聚会上宣读了皮埃尔·居里、居里夫人的历史性论文《论沥青铀矿中含有的一种放射性很强的新物质》以后整整25年，有一大群名人走进索尔本大讲堂。

法国各大学、外国各大学、学者团体、政府、军队、议会、各著名学校、大学生联合会、新闻界，都有代表团参加。

讲坛上有共和国总统亚历山大·米勒兰先生、教育部部长莱昂·贝哈尔先生、巴黎大学校长和居里基金会会长保罗·阿佩尔先生、代表外国学者致辞的洛伦兹教授、代表理学院致辞的让·佩韩教授和代表医学科学院致辞的安托万·贝克莱尔大夫。

在这一群"名人"之中，有一个神态严肃的白发男子和两个擦着眼泪的老妇：海拉、布罗妮娅和约瑟夫，他们是由华沙来到这里参加居里夫人的胜利仪式的。斯克沃多夫斯基家里最小的妹妹的光荣，丝毫不曾改变或减退他们彼此之间的友爱。感动和骄傲还从未使这三个人的脸显得如此动人过。

居里夫妇的合作者和朋友安德列·德比尔纳宣读了他们从前宣布关于发现放射性物质的那些科学报告。镭研究院的业务主任费南·荷尔威克在伊伦娜·居里的帮助下用镭做了很多种实验。共和国总统把国家年金赠给居里夫人。

"作为全国一致对她表示热诚、敬仰和感激的极小而真挚的证明。"莱昂·贝哈尔先生风趣地指出，"这个法案是法国全体议员签署的，在提出和通过的时候，政府和议会两院不得不决定不承认居里夫人的谦虚和大公无私，认为它们在法律上是'不存在'的……"

庆祝会的最后，居里夫人站起来了。掌声持续了很久。她低声向那些对她表示敬意的人逐一致谢。她说到那个已不在人间的人——皮埃尔·居里；然后她仔细考虑将来，不是她自己的将来，而是镭研究院的将来，并且以很大的热情请求人们帮助它、支援它。

居里夫人在晚年的时候受大众敬仰,受世界各地国家元首、大使、国王接待的情景,所有这些庆祝和仪式,总把一个同样的、压倒一切的印象留在女儿的记忆中:我母亲的无血色、无表情、差不多全不在意的脸色。她以前曾经跟我说过:"在科学上,我们应该去注意一些事情,不应该去注意不必要的人。"

但是,一些年的经验告诉居里夫人,人民群众,甚至于政府,都是从让大家注意人然后通过人来注意事物的。无论她现在愿意不愿意,她也必须要接受这个事实,居里夫人也不可避免地必须让关于她的传说来为科学争光,用它来使各个科学机构富有起来;从而使她自己成为一个极被爱护的事业的宣传媒介。

居里夫人本身毫无改变:在群众面前依然有生理上的恐惧,羞怯依然会使她双手冰冷、咽喉发干,尤其是依然有那种无可救药的不爱好虚荣。虽然她诚心诚意地努力,总不能与荣誉妥协;她从来不赞成她所谓的"拜物主义"的各种表现。

居里夫人在旅途中写给女儿的信上说:

> 我发现我已经离开你们两个很远,而且还遇到了一些我既不能喜欢也不能尊重的表示,因为它们使我疲倦。所以,今天早晨我觉得有一点悲伤。在柏林,一大群人聚在火车站的月台上跑着喊着,给拳击家丹普赛喝彩。他与我从同一辆车上走下来,神气显得很满意。给丹普赛喝彩和给我喝彩,实际上有很大的区别么?无论这种表示的目的是什么,我觉得这种喝彩本身就有一点不妥当。不过我不知道人们究竟应该怎么办,也不知道究竟可以把个人和个人所代表的意见混淆到何种程度……

热情称颂 25 年前成功的发现，怎能使这个仍像那个热情而容易激动的青年学生一样的老妇人感到满意呢？她常说一些失望的话，表示她极端反对那种过早地把人葬送的盛名。

　　有时候她低声说："人们对我说到我的'杰出工作'的时候，我觉得我似乎已经死了，我认为我自己已经死了。"又说："我也觉得他们似乎很不注重我还能给他们的贡献；而我如果是死了，他们就会更舒服些，更容易恭维我。"

　　居里夫人之所以对于社会和群众有着一种特殊的感召力，其秘密就在于她有这种抵抗、这种拒绝。出名的政治家、明星、国君、戏剧演员和电影演员，每个人都毫无例外地一到了台上，就马上成为赞美他们的群众的同谋者。

　　居里夫人却和他们不同，她不可思议地逃出她参加的仪式。她永远穿着她那黑衣服和那屹然不动的身影，给人非常深刻的印象，她与群众之间毫无联络。

　　在所有受尊崇的人中，也许没有一个人有这种无动于衷的脸色，没有一个人有这种不在意的神态；在暴风雨般的掌声中，没有一个人显得像她那样孤寂。

圣路易岛的美丽记忆

居里夫人的生活一直不算太富裕，不能给自己安排一个漂亮的住处。现在她既不想费事，也没有空闲去改变那一向成为她生活环境的简单陈设。虽然如此，一些陆续积累起来的礼物还是装饰了这几间空荡荡的明亮屋子。

有一个人非常敬佩居里夫人，曾经匿名赠送给她几幅花卉水彩画；有人送她一个哥本哈根出产的浅蓝色的花瓶，这是工厂中最大并且最美丽的一个；罗马尼亚某工厂送她一块棕绿两种颜色的地毯；还有一个刻着华丽铭文的瓶子……

居里夫人自己买的东西只有一件，那就是给小女儿艾芙用的一架黑色三角钢琴；她那年轻的女儿在琴上一弹就是几小时，居里夫人从来不去埋怨那钢琴所发出的声音到底是悦耳动听的还是糟糕透的，女儿在演奏钢琴的时候，她总是在旁边安静微笑地倾听着。

伊伦娜承袭了母亲的不甚关心物质的脾气，她在这所冷冰冰的房子里很舒适地一直住到她结婚。艾芙时常企图把自己住的一个大房间装饰一下，但总是不称心！每逢她有一点钱，她总想要把那间住房改变样子。

这所房子的所有房间里，只有居里夫人的工作室富有生气而且动人。房间里有一幅皮埃尔·居里的画像，玻璃橱窗里全部都是有关科学的书籍，几件样式陈旧的家具，给这间屋子形成了一种尊严的气氛。

居里夫人在几千所住房中选了这一所，不是因为它环境安静，然而恰恰要算是世界上最吵人的房子之一。钢琴上弹出来的音符、旧电话机刺耳的铃声、黑猫的奔跑声、门铃的喧闹声，在高大的墙壁之间回响着、扩大着。

塞纳河上传来拖船的不断的吼声，时常把那年轻而且孤寂的艾芙吸引到窗户前面来，她把头紧紧地贴在玻璃窗上，仔细地听那些汽船和快艇，把它们分类……火枪组：阿脱斯、波尔脱斯……飞鸟组：雨燕、朱顶雀、燕子……

政府给的国家年金和美国人慷慨赠予的年金，已经解决了居里夫人一家在物质上的困难。

居里夫人的进款，虽然别人认为少得可笑，已足够让她过得舒舒服服，只是她自己从来不会享受。她从来不会雇用女仆。如果是因为她的原因而让她的汽车司机多等了几分钟，她总觉得不安。

每逢她和艾芙一起到铺子里去买东西，她从来不看价钱，但是她有一种特别强大的推测能力，就用她的手指出哪些是最简单的衣服、最便宜的帽子，她只喜欢这样的东西。

居里夫人只喜欢在树木、石头等方面来装饰房子。居里夫人已经建筑了两个别墅：一个在拉古埃斯特，一个在地中海海滨。她上了年纪的时候，愿意到南方去找比布列塔尼更强烈的阳光和更温暖的海水。她在加发来尔别墅的阳台上露天睡觉，欣赏海湾和耶尔群岛的风景，在山坡上的花园里栽种各种植物，如桉树、含羞草、扁柏，这是居里夫人所发现的新乐趣。

居里夫人有两个朋友，也是两个可爱的邻居，撒洛那芙夫人和科莱曼小姐，看着她悠闲地做水上运动，十分钦佩，而不免有一点惊恐。她在地中海的小海湾里面游泳，从一块岩石游到另一块岩石，而且把自己的危险的行为和她的女儿们详细描述起来。

居里夫人写信给她的女儿们说：

> 海滨浴场简直好极了，但是却需要走很远的路去寻找。今天我在岩石之间自由地游泳，我攀登了特别远的地方，3天以来海水特别平静，我认为我还能游很长的时间，并且能游到很远的距离。现在我在平静的海面上游300米以上，也已经感到不害怕了，而且毫无疑问地相信我还能游得更远一些。

居里夫人梦想能像从前一样，离开巴黎到其他的地方去过冬。她在那里买了一块地，谈起要建筑一所房子，但是过了几年，始终还是没有做出决定。每天到了吃午餐的时候，总是能够看见她由实验室步行回家，用差不多和以前一样活泼的步伐走过一座桥面，然后略带一些喘息，走上圣路易岛老房子的几层楼。

"我现在特别特别劳累。"居里夫人几乎经常都说这一句话，她苍白的脸庞因为疲劳而显得有一些苍老。她每天都在实验室里一直工作到晚上19时30分，有时候还一直维持到20时。她的车送她回家，那四层楼似乎比平常更难上去。她穿上拖鞋，披上一件黑色的厚厚的上衣，在这所到了晚上比较安静一点的房子里极其没有目标地徘徊着，然后等着女仆来请她去吃晚餐。

"你工作太多了，65 岁的老太太不能也不应该像你这样每天工作 12 小时或 14 小时。"她女儿对她说这些话，是毫无用处的。

艾芙知道得很清楚，居里夫人不能少工作；这会成为她衰老的可怕征兆的有力证明；所以这个年轻的女儿只能希望还会有很长一个时期，她的母亲能有力气每天工作 14 小时。

居里夫人有的时候会想念她的故乡，而这个时候她也只让她女儿猜到她因远离两个姐姐和一个哥哥而引起的乡愁，她对他们依然亲切地怀恋。她先是流落到异国他乡，然后失去了她极感甜蜜的家庭温暖。

居里夫人写过一些语气悲哀的信给她那些不能常见的伙伴，她写信给住在蒙彼利埃的雅克·居里，写信给哥哥约瑟夫、姐姐海拉、布罗妮娅。布罗妮娅的两个孩子已经夭折了，1930 年的时候她的丈夫卡西密尔·德卢斯基也去世了，她的生活和居里夫人的生活几乎一样了。

1932 年 4 月 12 日居里夫人写信给布罗妮娅说：

亲爱的布罗妮娅：

我也因为我们彼此分开而难过；但是你虽然觉得孤寂，还能有一种安慰：你们有 3 个人在华沙，因此你还能有人做伴，受到保护。我坚信，家庭团结的确是唯一的好事；我是缺乏这种团结的，所以我知道。努力地在亲人的面前取得一些安慰吧！

晚饭后艾芙如果想要出门去听音乐，居里夫人就会到她的屋子里去待那么一小会儿，躺在沙发上，看着艾芙换衣服。居里夫人和艾芙对于着装方面的意见和审美观念是完全不同的。

居里夫人和小女儿艾芙在原则上正好是反差,一般情况下都是艾芙压制母亲,常常坚持要居里夫人把那些黑衣服拿去换新的。这两个女人的讨论,因此也总是陷于空谈。

居里夫人总是含着退让,甚至于带着一些愉快和幽默,对女儿作如下的评论:"啊!我可怜的亲爱的人,这是多么可怕的高跟鞋!你永远也不能想象到,女人好像生来就一定要穿这些要踩高跷走路的。这样的衣服是一种什么新的式样,为什么要在衣服背上开口呢?如果那口在胸前的话,就完全不得了了,可是这特别长的距离,这简直就是裸背。"

居里夫人认为艾芙穿着那些稍微有些暴露的衣服是不行的,她这样和艾芙说着:第一,这些衣服是不端庄的;第二,你这样穿衣服完全有患胸膜炎的危险;第三,这样的衣服也不是很好看,即使你不在乎我前两种理由,第三种也应该让你有一些触动。虽说如此,你的衣服还是很好看;不过你的黑衣服穿得太多,黑色不适合你这个年龄。

最痛苦的是艾芙在化妆的时候,费了很大的工夫,认为结果十分理想之后,居里夫人却讥讽地叫她:"你转过来一点,让我看看。"

居里夫人用科学眼光仔细看她,觉得惊讶极了:"当然在原则上我不反对这种涂抹,我知道人们一向是这样做的,有人还发明过比这个糟糕得更多的装饰。我也只能对你说一件事,我认为这简直可怕。你使你的眉毛受罪,抹口红也毫无用处。"

"艾芙你听着,明天早晨,我要在你睡在床上还没有工夫把这些可怕的东西抹在脸上的时候来吻你,免得我难受,我喜欢你不加修饰的样子,现在,你赶快走吧,我的孩子,晚安。"

居里夫人不再经常读俄国小说,连她从前很喜欢的陀思妥耶夫斯基的作品也不再阅读。

艾芙和她的文学爱好虽然不同，但是有一些作家是她们两个都崇拜的。例如：吉卜林、哥莱特等。

居里夫人不倦地在《丛林之书》《黎明》《吉姆》这几本书里寻求大自然的壮丽、生动的反映；大自然永远是她的安慰，是她的世界。她还熟记了几千首诗歌，有法文的、德文的、俄文的、英文的、波兰文的。

有的时候，居里夫人手里拿着艾芙替她选的那些书，躲到她的工作室去，躺在红丝绒长椅上，头底下放一个绒毛的枕头，翻了几页，时间过了半小时，也许过了一小时，她就把书放下了。她站起来，拿一支铅笔、几本笔记本、几本科学书籍；按照她的习惯，一直工作到第二天清晨两三点钟。

每天晚上的情形都是一样，居里夫人正坐在地板上，她的周围散放着一些纸张、计算尺、小册子。她从来不按照一般"科学家"的传统习惯，在写字台前坐在圈椅里工作；她需要没有限制的地方，才能够摆开她的文件和曲线的图纸。

艾芙回到家里的时候，在走廊的圆窗上就能看见一点零星的灯光，那是她母亲屋子里的灯光；她从走廊走过，慢慢地推开房门看到居里夫人正专心研究一种困难的计算和公式。虽然知道她的女儿回来了，但是她也并不抬头。她皱着眉头，全神贯注地看着桌子上的纸。在她的膝上放一本笔记本，她用铅笔在上面画记号、写公式，口里喃喃地说着一些话。

居里夫人正在低声念着一些符号和数目。这个伟大的科学家，仍然坚持用波兰语计算，和几十年前她在西科尔斯卡小姐的寄宿学校里上数学课的时候简直一模一样。

病痛中研究前沿课题

居里夫人虽已年逾60，但是发誓献身于科学的她却仍然孜孜不倦地从事研究工作，丝毫不显衰老之态。每天9时前，有一辆朴素的汽车开到巴黎贝究尔河边的公寓门前按3下喇叭。玛丽一听到汽车喇叭声响，便提着外套和帽子匆匆忙忙坐上车子，汽车便径直驶向研究所。

每天晚上总得到七八点，有时还得过了12点才回家。

"妈妈，您这么大年纪了，可不能一天工作12小时呀！"伊伦娜一再地劝告她，她还是不肯听。

"不要紧的，伊伦娜。天气好的时候，我还可以休息40分钟呢。"原来长女伊伦娜已经和在研究所工作的物理学家菲得烈·裘利奥结婚，并生下了一个女儿蔼琳，居里夫人常带着蔼琳到附近的卢森堡公园里去消磨个把钟头。

穿着红衣服的蔼琳常在公园的铁栅旁等着外祖母的汽车回来，外祖母一下车，她便跑去抱住外祖母的腿。虽然仅有40分钟，而两人竟成了莫逆之交，老学者也忘怀地跟小孩子挖着沙池，堆筑着泥城玩。玛丽·居里的公寓里这时也时常被不知名的崇拜者送来装饰得花花绿绿的礼物所填满。

1922年2月，居里夫人不用参加竞选就自动地被选为巴黎医学科学院的自由合作院士。那年5月份，国联理事会决定邀请居里夫人为国际文化合作委员会委员，后来她又当选为该委员会副主席。

居里夫人虽然也为合作委员会的效能烦恼，但她又认为："无论日内瓦的国际机构如何不完善，它仍然是一个值得支持的伟大事业。"由于她的认真，她在任这个职务期间仍然完成了许多预定的目标。

首先，为了改变全世界科学工作的无政府状态，她终于使得科学界的同行们同意进行一系列改革：统一科学符号和术语；统一科学出版物的开本；统一各杂志发表的著作摘要；拟定各种常数表；还有，为了使得全世界各国科学工作者便于搜集已有的研究资料，应立即科学地整理各种书目等。这些事情看起来似乎是一些鸡毛蒜皮的小事，但其结果对科学的进步却起了决定性的作用。

其次，为了让一些处境困难而又很有天才的科学家走出厄运和困顿，她曾花费大量的时间去奔波，以期能建立国际科学助学金。

再次，居里夫人已经预见到科学研究的作坊式时代已经结束，科学已经走向现代化时代。因此，她提出科学家必须用新的投资方式进行科学研究。

还有一点也必须给予充分注意的是，居里夫人在日益增加的社会活动中，曾一再呼吁人们应该关注对科学的评价这一大是大非的问题。

1933年她受托在西班牙马德里举行关于"文化前途"的讨论会，参加会议的大部分作家、艺术家在会上声称：文化处于危机之中,而科学是造成危机的根源。居里夫人听了不免十分惊骇,她立即表示不能赞同这些危言耸听的怪论。

这种文学知识分子和科学家之间不同的观点到后来进一步演化为"两种文化"之间的争论。虽然两极的双方如今都有了更深的相互了解,知道他们之间有很大的互补性,但若想他们之间的分歧完全消失仍得待以时日。居里夫人在20世纪30年代就已经敏感地认识到了这一问题的重要性,这是十分难能可贵的。

由居里夫人最后14年研究的内容来看,她在目光始终盯在物理学研究的前沿上,从不故步自封。她在任何时候都从不放弃科学研究的这种精神,激励着研究所的每一个成员,成为她领导下的实验室的精神财富。

这个所的一位女研究人员曾经非常感人地描述居里夫人最后一年的工作情景:"已经是凌晨2时,但一道分离液体的程序还有待完成。居里夫人守在机器旁,她的整个灵魂已经融入工作中去了,她已经羽化成仙。"

这种仙境是一种什么样的境界呢?吉鲁德曾说过:"这时的她犹如一名潜水员,深深地沉入到寂静的世界,周围的任何声音都消失了,甚至连自己的声音也不存在,她专注地计算着,感到陶醉,感到其乐无穷。"

任何力量,除了死亡,都无法将她与实验室分开。严重的白内障几乎使居里夫人绝望,她一想到因为失明而不能再进入伴随她30多年的实验室时,就会感到恐惧,就会不寒而栗。伊伦娜私下为妈妈这种英勇而又残酷的挑战感到伤心和难过,于是建议让助手们帮她使用显微镜和做一些测量,但妈妈对女儿的关心并不领情,她冷冷地回答说:"不要让任何人知道我的眼睛坏了。"

她为了能继续完成实验，还自己创造了一种盲人技术，例如在仪器标度盘上作明显的彩色标记，用很大的字写教案以备讲课时用。有时她还利用盘问对方的巧妙办法代替她必需的观察。

　　开始也许有点效果，但到后来实验室的人都知道居里夫人的视力已经减退得很严重，但谁也不愿意让这位老人伤心而故意戳破她。

　　这是一出悲壮而又残酷的游戏，它绝对不比一位在战场上受到致命伤害却仍继续指挥大军战斗而不愿倒下的元帅逊色，只不过居里夫人导演的戏在悄悄地、不露声色地进行。

　　每一届索尔维会议她都参加，最后一次是1933年10月举行的第七届索尔维会议。使她感到非常高兴的是，她的女儿和女婿也都被邀请参加了这次会议。下一代已经奠定了他们在科学界的地位，这自然使她无比欣慰。

走完生命的最后历程

坚强的居里夫人由于长期忘我地工作,以及受到镭射线的辐射,身体越来越糟糕。在她早年研究放射性元素时,她和皮埃尔开始并不知道辐射对人体的危害性,因此长年累月地受到辐射的伤害。

后来虽然也逐渐认识到这种辐射的危害性,但居里夫人对保护自己的措施却总是漫不经心。她严格要求学生们一定要用铅服保护自己,但她本人却总是违反规定操作。

直到她生命结束时,一直对镭持这种态度:正如一位母亲,当别人告诉她,她光荣的宝贝儿子杀了人,尽管铁证如山,她却一概不信。但这个"儿子"却真正地伤害了它的"母亲"。

1933年年底,居里夫人再次病倒,这时她已经是66岁的老人了。由X光检查的结果得知,她患有严重的胆囊结石,她的父亲就是因为这个病开刀去世的。她害怕走她父亲的老路,因此决定不开刀,想靠调养来减轻病状。

以前她就经常低烧,但从没有注意过检查其中的原因,只要稍好一点她就到实验室去工作,把疾病抛到九霄云外。但这一次她经常高烧,直烧得她头晕、恶心、颤抖、无法站立,她还想用以前对付疾病的方法,把它们不当回事。

居里夫人觉得疲倦,却试图想证实一下自己的身体没有什么不好,就到凡尔赛去溜冰,并且和伊伦娜一起滑雪,她很高兴自己还保持着轻捷灵活的肢体。到了复活节,她趁布罗妮娅到法国来的机会,一同坐汽车到南方去旅行。

这次游历很不幸,居里夫人原想做一次周游,让布罗妮娅看看各处的美丽风景。但是走过几段路,走到居里夫人家的别墅的时候,她就着凉了,觉得自己疲乏至极。

居里夫人和布罗妮娅到达别墅的时候,那所房子是冰冷的,虽然赶忙烧火炉,仍不能使它很快就暖和起来,居里夫人冷得发抖,忽然感到失望,倒在布罗妮娅的怀里像有病的孩子一样抽泣。布罗妮娅照料她、抚慰她,到了第二天,居里夫人抑制住这种精神上的沮丧,从此就不曾发生过这种情形了。

几个阳光普照的天气安慰了居里夫人,并且使她感到很舒服,她觉得身体好了一点,一个医生说她患有流行性感冒并且工作过度,但她没有注意到自己一直有低烧。

艾芙却看出了妈妈的病情有变化,她认为此次病情与往日的病情大不相同,不能再像以前那样拖下去了。在她的坚持下,居里夫人终于同意找医生来进行检查。医生见到毫无血色的居里夫人,立即坚决地说:"你应该立即躺下休息!"

居里夫人听惯了这样的话,所以仍然不放在心上,照常每天往实验室跑。

居里夫人时病时愈,在她觉得比较强健的时候,就到实验室去,在觉得眩晕软弱的时候,就留在家里写书,每个星期用几个小时计划她的新住房和别墅。

1934年5月的一个下午,居里夫人感到自己实在不行了,她预感到自己可能会有一段时间来不了实验室,因此恋恋不舍地抚摸着桌上的仪器。最后,她用非常微弱的声音对旁边的助手们说:"我要回家,我在发烧。"

她走出实验室,在外面花园转了一下,还嘱咐花工一些小事,然后上汽车回家了。上汽车后,她还恋恋不舍地、深情地看了实验室一眼。这一次是她永远地离开了她的实验室,她那一瞥也是向实验室永远告别的一瞥。

从此她就再也没有起床,她一反常态,非常驯服,毫不反对地就进了医院,想必是从身体内部传来的信息,使她知道这一次的病来势不善。她的病没有确诊,有时说是流行性感冒,有时又说是气管炎,两次X光照相,五六次分析,仍使被请到这个学者床边来的专家们困惑不解。

从检查上来看,居里夫人似乎没有一个器官有病,而且看不出有任何的明显的病症,只有X光相片上有她旧有的病症和一点发炎的阴影,他们给她使用拔罐疗法来治疗。治疗既不见好,也不见坏,居里夫人周围的人开始低声地谈论到"疗养院"了。

小女儿艾芙抚摸着居里夫人消瘦的肩膀说:"妈妈,您太累了,暂时去疗养院休息一下好吗?"

居里夫人同意了。她以为是城市中的喧闹和灰尘才使得她不能治愈,希望比较清新的空气能够治好她。计划拟定了,艾芙陪着母亲去,并且居里夫人的哥哥姐姐们也会从波兰来陪她一起做伴,到了秋天,居里夫人就会好了。

居里夫人的病情突然间加重了,在去疗养院的路上就已经支持不住了，倒在女儿艾芙的怀里。到了疗养院以后，医生把居里夫人安排在疗养院中最美丽的一间屋子里之后，又用X光照了一些相片，并检查了几次。

没有对居里夫人实行痛苦的治疗法，没有进行拖延时日的输血，这些都毫无用处，而且会给她不好的印象。没有匆忙地把亲戚们叫到居里夫人的床边来，她看见他们的聚集，心里会突然感触到那可怕的结果已经确定。

她的体温总是在40度左右，医生们一时也弄不清她为什么高烧不退。直到最后从日内瓦请来一位医生才下了结论：是爆发性恶性贫血。

于是开始了人们称之为"缓慢的死法"的那种折磨人的、残酷的战斗，在这种情况之下，不肯灭亡的身体以一种疯狂的决心抗拒着死神。

艾芙在她的母亲身边还需要作另外一种战斗，因为在居里夫人还很清醒的头脑里，并没有想到过自己要死，这种奇迹必须设法保持住。主要是，一方面必须设法减轻她身体上的苦楚，另一方面还要安定她的精神。

血液里的红白细胞数目减少得非常快，这是一种无法控制和治疗的绝症。但居里夫人却因此而放了心，不必为胆囊结石开刀了。她自己也知道她只能听天由命，因而根本不再为病情去操闲心。

7月3日早晨，居里夫人最后一次用颤抖的手拿起温度表，体温突然下降！她微微笑了一下。

艾芙连忙安慰妈妈说："这是病开始好的征兆，……"艾芙坐在妈妈床边，心中祈祷上帝保佑妈妈平安渡过难关。

居里夫人望着敞开的窗户，怀着希望，对着太阳和巍然挺立不动的山群说:"治好我的不是药,而是清新的空气和地方,告诉……"

过了一会儿,居里夫人看了一眼茶杯,想用茶匙搅动一下,忽然她像梦幻般地低声说:"用镭,还是用钋制作……"接着是一些吐音不清的低语。

艾芙惊恐地请来医生,医生想进行抢救,居里夫人突然用微弱、但还清晰的声音说了她一生的最后一句话:"不用了……让我安静点吧。"

她一生喜欢安静,讨厌闹哄哄地做一些实质上无用的事。

1934年7月4日凌晨,居里夫人临终的时刻,显示了一个人的力量和可怕的抵抗,显示了藏在渐渐冷却的身体里面的强壮的心,它仍在跳动,不疲倦,不让步。

灿烂的晨光充满了这间屋子,照着床上消瘦的脸颊和无表情的灰色眼睛。死亡已经使她的眼睛定住,居里夫人的心脏停止了跳动,一位伟大的学者走完了她一生的坎坷之路。

医生在死亡报告上写道:

> 居里夫人于1934年7月4日在桑塞罗谟去世。她的病症是一种发展很快的再生障碍性贫血,骨髓已不起反应,很可能是由于长期受到辐射而引起的病变。

全世界各国都以沉痛的心情报道了居里夫人去世的消息。世界各国的大学、科研机构、科学家的唁电不断向巴黎涌来。

居里夫人躲开了这些悲哀,躲开了这些激动和尊崇,她躺在床上休息。科学家们和家人一直在房间里保护她,不许生人进去看她,扰乱她的安息。

居里夫人那双粗糙的、结了老茧的僵硬的手,被镭严重灼伤,它们一向的痉挛已经消失;它们伸在被单上,僵直,一动不动,这是一双做了那么多工作的手。

7月6日下午,在亲人好友陪伴下,居里夫人被葬到了皮埃尔的墓地里。布罗妮娅和约瑟夫从波兰带来一把祖国的土,轻轻地撒在她的棺木上。墓碑上写着:

玛丽·居里—斯克沃多夫斯卡,1867—1934年。

附：年　谱

1867 年 11 月 7 日，生于波兰王国华沙市一个中学教师的家庭。

1881 年，离开寄宿学校，转入俄国管理的公立中学。

1884 年 9 月，回华沙。在城内担任家庭教师。

1891 年 9 月，赴巴黎求学。

1893 年 7 月，以第一名的成绩获得物理学学士学位。

1894 年 7 月，通过数学学士学位考试。

1895 年 3 月，通过博士学位考试，论文题目是：《在各种温度下物质的磁性》。出任理化学教授。

1896 年 8 月，通过大学毕业生担任教师的职称考试。

1898 年 12 月，关于发现新元素钋的报告，用波兰文在华沙《斯维阿特罗》画报月刊上发表。

1902 年，分离出微量氯化镭 $RaCl_2$，测得镭原子量为 225，后来得到的精确数为 226。

1904 年，瑞典方面把诺贝尔奖状、奖章、奖金折合 7 万法郎交法国公使转交。

1906年，居里先生突遇车祸逝世。居里夫人以坚强的意志战胜巨大悲痛继续工作。

1907年，提炼出纯氯化镭，并测得原子量为226。

1911年12月，瑞典科学院诺贝尔奖金委员会宣布以本年度化学奖授予玛丽·居里，以奖励她发现镭、钋元素的化学性质，推进了化学研究。

1914年7月，担任研究院理事会理事。

1919年，自本年起至她去世，这个实验室总共提出报告483份，论文34篇，她亲自参加31项研究。

1921年，根据战时笔记整理，写成《放射学和战争》，出版于巴黎。论文《论同位素学和同位元素》出版于巴黎。

1922年2月，当选为巴黎医学科学院院士。

1923年，为《英国百科全书》撰写词目。

1924年3月，法国政府、议会赠予居里夫人4万法郎。

1925年，回华沙，为镭学研究院奠基，担任名誉主任。

1926年，波兰论文《钋的化学性质》发表于华沙。

1934年6月，住进上萨瓦省桑塞罗谟疗养院。

1934年7月4日，因镭引起的恶性贫血症逝世于疗养院。